おばあちゃんのお茶うけ

信州の漬物・おやつ・郷土料理 240品

文・写真
吉田 文子
Yoshida Fumiko

川辺書林

もくじ

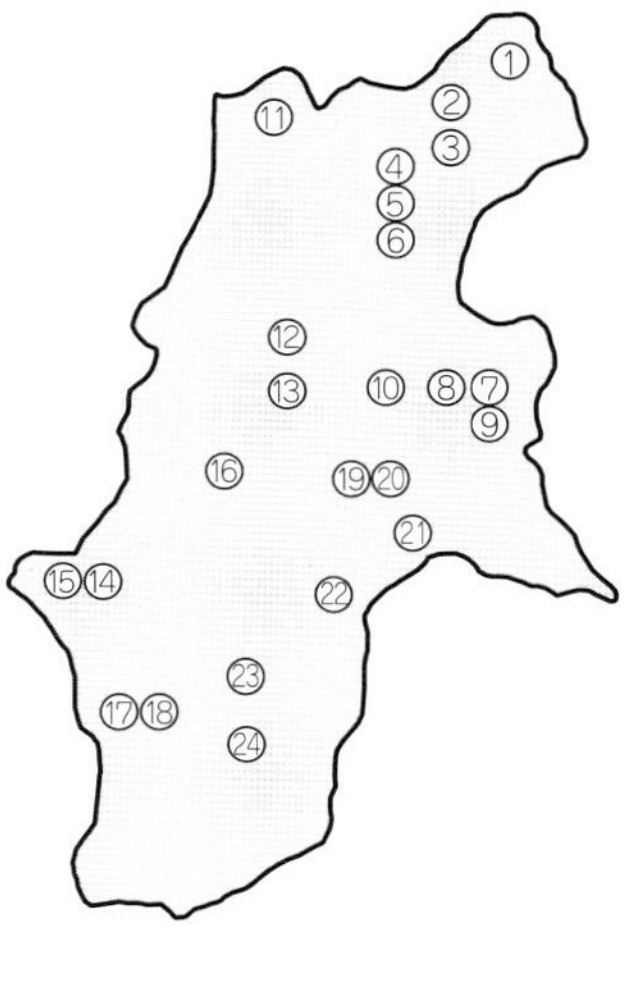

料理名索引

●はじめに

この旅はおばあちゃんとのお茶飲みからはじまった

二〇〇〇年夏、私はひどく落ち込んだ気持ちで過ごしていました。

料理教室の講師、テレビ番組の料理製作助手として働いていましたが、七月にふとした不注意から転び、右手首を脱臼してしまったのです。ちょっとやっかいな骨の変形なども見つかり、腕の付け根から指の付け根まで、右手の腕全体をL字型にギブス固定して三週間も過ごさなければなりませんでした。

仕事はすべてキャンセルせざるを得なくなりました。ちょうど夏休みの時期だったので、料理教室の数は少なかったものの、テレビ収録をはじめたくさんの方々に迷惑をかけてしまいました。また、主婦として家事をしなければならないのに、思うようにいきません。悪い事というのは続くもので、そういう時に限って、たまたま他の個人的な悩みが重なって、悪い方にばかり気持ちが向いていってしまいました。

そんなある日、長野県松本市の知人、大嶋祐子さんの家におじゃまする機会がありました。そこで、同居しているお母さんの大槻まちよさん（六八歳）と三人で、ひととき「お茶飲み」の時間をもちました。

「ふふふ・・・これ、何だと思う？」

と、真っ黒でシワシワな、不思議なものが入った小皿を出されました。甘辛くて、でも甘過ぎず、しょっぱすぎもせず、お茶にぴったりで実においしいのです。

「私も人に教えてもらったんだけど、きゅうりの佃煮なんだに。砂糖をたくさん入れるのが気になるから、マービー（商品名）っていう、ノンシュガーキャンデーを入れて工夫してみたんだけど」

他にも、プチトマトを甘く煮て冷たくしたもの、それを凍らせて、シャーベットにしたものも出していただきました。

「プチトマトでおやつ？」と驚きましたが、素材の味と風味が生きていて、ものすごくおいしいのです。冷凍袋に小分けして保存しておき、必要な時にいつでも食べられて、とても便利です。

しきりに感心していると、「そいじゃ、これも食べてみて」と、どんどん出てきます。まるで、ドラえもんのポケットのように、どこからか新しいお茶うけが出てくるのです。

私は小さい頃から、漬物が嫌いでした。だって、しょっぱいから——。実際、信州でお土産として売っている漬物は塩分が強いものが多いのです。でも、家庭で食べられている漬物は、全然違うのです。知りませんでした。信州の家庭の漬物がこんなにおいしかった

飯山市でおばあちゃんと私（吉田）

とは。

家の畑で採れたもの。そして、採れ過ぎて困るもの。それを上手に使って、作りやすくて保存に便利なおいしい漬物やお菓子などをお茶うけにしているのです。そして、一人ひとりの工夫が加えられて、「お茶飲み」という場を通して口から口へと伝わり、広まるのです。

その日の帰り道、私は「アッ」と気付きました。祐子さんや、まちよおばあちゃんと、食べ物の話や旅の話など、普通の世間話をしてきただけなのです。なのに私は、帰りの車の中で、なんともさわやかな気分になっていました。心の曇りを晴らす魔法をかけられたようでした。私なんかより、ずっと厳しい時代を生き抜いてきたであろう、おばあちゃんのたくましい笑顔に、自分のささやかな悩みなんて、どこかに吹っ飛んでしまいました。

年長者の言葉は、お説教のように諭されてもなかなか素直に受け入れられないこともありますが、飲んだり食べたりしながら、世間話のように聞くと、案外スッと心に納まるように思います。

また、おいしい食べ物・飲み物を前にすると、人は自然に心を解放されて親睦が深まり、元気が出てくるものではないでしょうか。その食べ物が手作りならば、もっと心が温まります。信州のお年寄りは、それを毎日の家庭生活の中で「お茶飲み」という形で気軽に数多く実践しているのです。

そういえば、信州出身の作家、島崎藤村の明治時代に書かれた『破戒』という小説の中にも、次のような一節があります。

「信州人ほど茶を嗜《たしな》む手合いも鮮少《すくな》かろう。こういう飲物を好むのは寒い山国に住む人々の性来の特色で、日に四五回づつ集まって飲むことを楽しみにする家族が多いのである」


私は「信州のお茶飲み」「おばあちゃんのお茶うけ」は世界に誇る信州の文化だと思います。そのすばらしさをみんなに紹介したい。いろんなおいしいもののレシピをみんなに伝えたい！

こうして、一年三カ月にわたる、私の「信州日帰りお茶飲み旅」が始まりました。料理教室などの自分の仕事のない日に、暇を見つけては東京八王子から長野県各地のおばあちゃんを訪問して、おばあちゃんのいつものお茶飲み友達とお茶飲みをしていただき、それを写真とメモに収めてきました。本書は、そのお茶飲み記録です。

お茶うけのレシピはできる限り、具体的な分量を書くようにつとめましたが、おばあちゃんたちはほとんどの料理を手加減で計量せずに作っているので、具体的に書くことができないものもずいぶんありました。料理が上手な人は誰でもそうだと思います。私が作って計量化したら、かえっておばあちゃんのような温かな味にならず失礼かと思い、意図的な数値化は控えました。

本書では、取材させていただいたすべての方を「〇〇おばあちゃん」と記述させていただきました。どのような年齢の方にでも、名前で「〇〇さん」とお呼びするのが礼儀ですが、尊敬と親愛の気持ちを込め、「おばあちゃん」とさせていただきました。また、おばあちゃんの年齢は、最初にお会いした時のものです。

本書を、日頃料理を作る皆さんはもちろん、おふくろの味や郷里を懐かしむ人、そしておばあちゃんたちの孫の世代に当たる小学生・中学生の皆さんにも読んでいただければ幸いです。

山の幸と温泉が元気の秘訣 麻釜が味を引き立てる

野沢温泉村　畔上よしえさん（80歳）
南雲とくさん（80歳）
内田くにさん（80歳）

麻釜で茹でた青菜はすぐ隣にある冷水で冷やしてよくもむ

野沢菜の本場へ

信州の「お茶うけ」といえば、まず思いつくのは「野沢菜漬け」です。「お菜」「お葉《は》漬《づ》け」と言えば、それは野沢菜のことであるほど、身近な「葉もの野菜」です。

秋に霜が来て、「のり」（粘り気）が出て、おいしくなるのを待って、漬け込みが始まります。それが出来あがるまでの間は、即席漬け風にさっと塩もみしたり、醤油漬けにした「時漬《とき》け《づ》」を食べます。また、春先になって漬物が少し酸っぱくなってきたら、塩出しをして醤油味などをつけ、炒めたり煮たりして食べるのです。

秋から春までずっと、信州のほとんどの場所で、いろいろに工夫された野沢菜漬けが食べられており、人それぞれの味があるので、

左から畔上よしえさん、南雲とくさん、内田くにさん

どこにおじゃましても、食べるのがとても楽しみです。

「やはり野沢菜の本場、野沢温泉村で漬け込みの様子を見なくては!」と思い、十一月中旬に出かけてみました。ところが、初雪の早い北の山間地・野沢では、十月末に早々と野沢菜漬けが終わってしまったとのこと。たいへん残念でしたが、とても優しい三人のおばあちゃんに出会うことができ、十二月には「お茶飲み」に招待していただきました。

野沢温泉の台所「麻釜」

畔上よしえさん、南雲とくさん、内田くにさんの三人は、共に野沢温泉に生まれ育ち、村内で結婚して民宿を営む、幼馴染の三人です。八〇歳になった今でも、よしちゃ、とくちゃ、くにちゃと、幼い頃のまま呼び合っている大の仲良し。毎日温泉に浸かっているためか、お肌はツルツルのプリプリ。とても元気です。

とく「野沢の衆はわりあい、よそへ出ねぇで、村んなかで嫁行くのが多かったんだぁ。温泉はあるし、山の食べもんはうまいし、生活しやすいからなー」

【野沢菜のお茶うけ】

●野沢菜漬け

本家、野沢温泉村で採れた野沢菜の漬物。温泉のお湯にさっと通して、水で冷してもんだものを漬ける。各家庭により作り方はさまざまだが、よしえさんの作り方は塩、味噌、赤または青唐辛子（これを入れると酸っぱくなりにくい）で漬ける。

「今は昔より気候があったかいもんで、酸っぱくなりやすいだよ。焼酎も入れるといいよ。うちは民宿のお客さんにも出すから、８斗樽に４本漬けるだよ。そこへ35度の焼酎を２升くらい入れるなあ」

●野沢菜の酒粕煮

野沢菜漬けを切り、1度茹でこぼし、鍋に油を入れて軽く炒め、和風だし汁、みりん、醤油、塩、酒粕少々をちぎって加え、煮る。酒粕を入れすぎると、味がしつこくなるから少なめに。

●野沢菜の時漬け

みりんと醤油で切った野沢菜を即席漬けにする。

麻釜（上写真）で茹でたらすぐ水につけてもむ

この村の食べ物と温泉は、切り離すことができません。「麻釜《おがま》」と呼ばれる調理専用に作られているお風呂のような場所があり、ここでは九〇度の源泉がわいています。

くに「なんでだかなあ。麻釜に入れると長持ちするし、うまいんだよ。ほうれん草なんかは、家で茹でるとじきに色悪くなるけど、麻釜で茹でると冷凍してとっといても、色がいいんさ」

春にはワラビやネマガリダケなどの山菜、夏にはもろこしや枝豆、秋にはほうれん草や大根葉などをこの麻釜で洗ったり茹でたりします。野沢菜を漬ける時にも、人が入るくらいのお湯で洗い、水で冷やしてから漬け込みます。温泉を使うことによって、野沢菜漬けが独特のおいしさになるのです。

漬かったばかりの野沢菜漬けは柔らかく、野沢菜自体が持つほのかな甘味がします。お茶にぴったり合うおいしさです。

おばあちゃんは少しでもお茶が減ると、まるでわんこそばのように次々とお茶を注ぎ足してくれました。「芋なます」などの山の幸をたくさん食べ、がぼんがぼんとお茶を飲み、そして大きな口を開けてよく笑う、豪快なお茶飲みでした。

太一おじいちゃんの凍み大根

十二月のお茶飲みの時、「凍《し》み大根」という、寒さを利用して作る「大根の高野豆腐のような食べ物」があり、とてもおいしいと聞きました。食べたことがないおいしいものがあると知ると、食いしん坊の私は、いてもたってもいられません。三月半ば、凍み大根の完成を待ち、再度、野沢温泉へ出かけました。

民宿「なぐも」の南雲とくおばあちゃんの家では、八一歳の太一おじいちゃんが、栽培から乾燥まで、凍み大根作りをすべて一人でやるのだそうです。

「野沢道祖神まつりのころ（一月十五日）になったら、天気予報に気いつけててな、『明日寒じる』っていう日の朝、大根の皮むくんよ。そうさなあ、細いもんは一本のまんま、太きゃあ縦に半割りにするかなあ。畑で大根作るとさ、きれいな大きいもんばっかじゃなくて、細いのや形の悪いのがいーっぱいできるでさ、そういうので作るだよ」

太い針に稲わらの芯の強いところを通し、麻釜で二時間以上茹でた熱い大根を刺して、二本一組につなげます。雪の中に投げ込んでおき、夕方日が落ちてから軒下につるします。

「凍みてるから、大根に雪がいっぱいくっついててなぁ。朝までにカチンカチンに凍みて、昼間日が当たって溶けてポタポタと水が落ちて、また夜凍みて……。しだいしだいに上から乾いてくるから、二～三週間かけてカリカリに乾燥させるだよ。今年はよーくできたなあ」

保存がきくので、春先の野菜の

軒下につるされた凍み大根

ない時や、夏場、大根が採れる前などに水で戻して食べるのです。寒さ厳しい信州でも、年によっては凍みが足りなくて失敗してしまうそうで、冷凍庫を使って作る人もいるとか。

　切り干し大根のような、ポリポリした食感を想像していましたが、煮物として食べた凍み大根はふんわりと柔らかく、甘く、干したものとは信じられない味でした。みがきニシンと煮るのが伝統的な食べ方ですが、この他に味噌汁に入れたり酢の物にしたりと、いろいろな食べ方があるそうです。

　お伺いした朝、太一おじいちゃんは「じゃ、おれ行ってくらぁー」と、出かけていきました。週に三日はスキーをすべりに行くのだそうです。重ねて言いますが、太一おじいちゃんは八一歳です！

　三月半ばというのに、一晩で一五センチほどの雪が積もり、屋根には一メートルもあるツララが下がっている寒さ厳しい土地。山の中で、農地もそれほど広くはありません。

　でも、豊富な山の幸と温泉を利用して、三世代七人家族で民宿を営み、楽しく暮らしているおじい

【３人のおばあちゃんの持ち寄りお茶うけ】

●芋なます

　じゃが芋を爪楊枝くらいの細さに切り、10分くらい水にさらしてでんぷん質を洗い流す。普通の炒め物よりやや多めの油でさっと炒め、酢、砂糖、塩、酒またはみりんを加えながらさらに炒める。シャキシャキとした芋の歯ざわりを残すように、加熱しすぎないことがコツ。カレー味をつける「カレー芋」もおいしい(13ページ参照)。

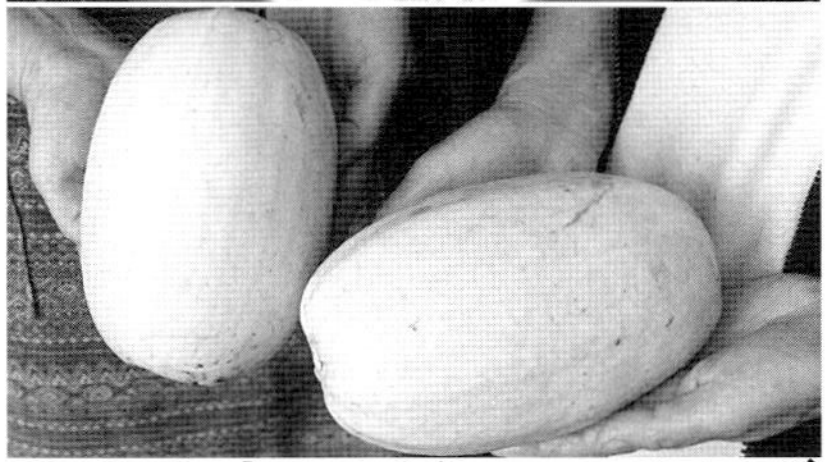

●なますかぼちゃのサラダ

　かぼちゃの一種で、茹でると繊維質の糸状のものだけが残る品種を野沢温泉村では「なますかぼちゃ」と呼んでいる。茹でたものをザルにあげてほぐして水気をきり、きゅうりの千切りを加え、マヨネーズとごまドレッシングであえる。

●ぜんまいの煮物

　春採れたぜんまいを天日に干して乾燥させ、保存しておく。たっぷりの水に少し塩を入れて火にかけ、沸騰したら火を止めて冷ます。これを２～３回行ない、アクを抜く。油あげ、つきこんにゃくを加えて、和風だし、砂糖、みりん、醤油で煮る。

●八つ頭の煮物

　八つ頭（里芋の親芋）を食べやすい大きさに切って一度茹でこぼし、みりん、砂糖、醤油、塩で煮る。

【畔上よしえおばあちゃんのお茶うけ】

●野沢菜のおろのき

おろのきとは「間引き菜」のこと。「お菜のおろのきは鯛よりうまい」と言われている。麻釜で茹でてもんだもの。醤油、かつお節をかける。柔らかくうまみが強く、本当に鯛よりおいしい。

●ウド皮のきんぴら

山で採れたウドの皮を油で炒め、みりんと醤油で味をつける。ウドの中側はあえものにしたり油炒めで食べ、先の部分は天ぷらで食べるとタラの芽のようにおいしい。

●フキノトウの酢の物

スキー場の雪の下からフキノトウが採れる。大きく伸びているが、雪の下にあったものだから柔らかでおいしい。麻釜で茹でて水にさらしてア

クを抜き、砂糖、塩、酢で味をつける。

●新しょうがの煮物

薄切りにして３回茹でこぼしてザルにあげて水気をきり、砂糖、醤油、酒、和風だし、しらすを入れて煮る。

●凍み大根の味噌汁

だし汁に輪切りにした凍み大根を入れ、数分煮て味噌とねぎを入れ火を止める。（民宿「なぐも」作）

「凍み大根の煮物」の作り方

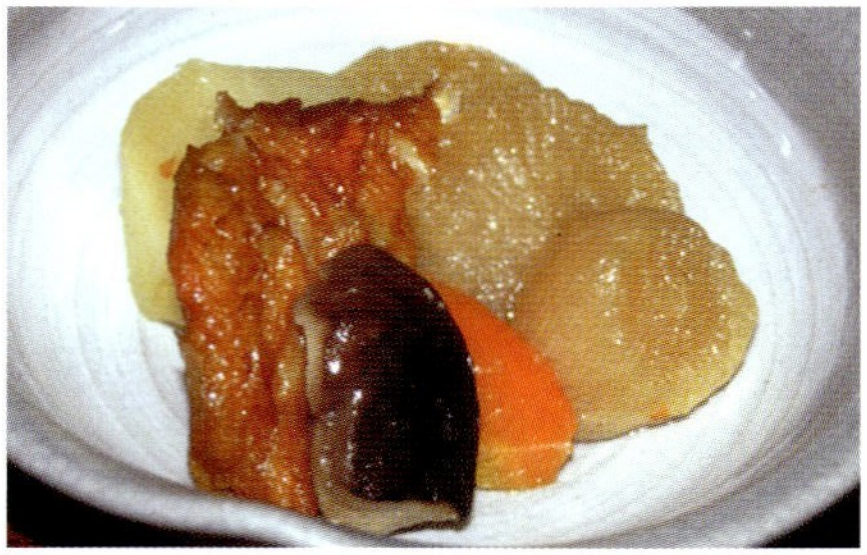

【材料】（８人分）

15ｃｍくらいの長さの凍み大根３本
じゃが芋　２個
にんじん　１本
しいたけ　２個
さつまあげ　２～３枚（またはちくわ１本）
砂糖　大さじ２
白だし醤油　大さじ４（和風だしと塩、醤油でもよい）
醤油　小さじ１

①凍み大根はさっと洗って、乾燥している状態でサクサクと１ｃｍの厚さに切る。じゃが芋、にんじんも輪切りにする。しいたけ、さつまあげは４つに切る。
②鍋に水を入れてじゃが芋、にんじんを入れてしばらく煮る。凍み大根、しいたけ、ちくわ、調味料を加え、水分がなくなるまで煮る。つやがほしいとか、こくが足りない時は、あとから少し（小さじ１くらい）油を入れる。
（このレシピは、民宿で料理を作っているお嫁さんのめぐ美さんに教えていただきました）

【南雲さんのお惣菜＆お茶うけ】

●塩煮芋

鍋の中でじゃが芋を塩茹でにする。柔らかくなったらお湯を捨て、油を入れて炒め、砂糖と醤油で味をつける。大小の皮ごとの芋がコロコロと楽しい。新じゃがではなく、前年に採れた芋でも皮までおいしい（芽が出たらこまめに取る）。

●おからあえ

大豆を一晩ふやかしておき、1.5倍の水を加えてミキサーにかけ、青くささがなくなるまで煮る。目の細かいザルにあげる（ザルの下に出た水分は豆乳）。

キャベツ、にんじん、しいたけを油で炒め、おからをあえ、和風だし、みりん、醤油、塩で炒め煮にする。豆乳をとる時、絞らないから残りのおからがおいしい。「目からウロコ」のワザ。

●カレー芋

じゃが芋５～６個をいちょう切りに薄切りにして、油を多めにフライパンに入れ、柔らかくなるまで炒める。カレー粉小さじ２（辛さは好みで、カレールーでもよい）、砂糖小さじ１強、塩小さじ１弱、酢100mℓを入れて、水分がなくなるまで炒める。やや甘めにした方がよい。ハイカラな芋料理だが、おばあちゃんたちが子供の頃から食べられていた。酢が多いが酸っぱくはなくコクが出る。

●ネマガリダケとふきの煮物

春にとれたネマガリダケやふきの茹でたものを瓶詰・缶詰にしてとっておき、１年中使う。さつまあげ、こんにゃくと共に、みりん、砂糖、醤油、塩を入れて煮る。

●きゅうりのパリパリ漬け

【材料】
きゅうり　５～６本
にんじん　少々
細切昆布（乾物）　少々
調味液　水　１カップ
砂糖　大さじ３
醤油　100mℓ
酒　100mℓ
にんにく　１かけ
しょうが　少々

①きゅうりを半割りにして５～６ｃｍの長さに切る。にんじんは薄切りにする。
②鍋の中に調味液の材料を入れて煮立て、熱い中にきゅうり、にんじん、細切昆布を入れる。
③時々混ぜて半日置き、ザルに上げて汁だけを沸騰させて再び漬ける。
これを３回行なう。

出来上がる途中で食べてもおいしい。完成したものは４～５日冷蔵庫に入れておくと、おいしく食べられる。熱い汁につけることでパリパリとした食感が出る。漬物ではあるが、薄味なのでたくさん食べられる。

ちゃん、おばあちゃんにお会いして、たくさんの元気をいただきました。

ネマガリダケにみんなが夢中

「いやー、採れた採れた。欲と一緒に二〇キロだわね。タケノコじゃなきゃ、とてもこんな重いもん背負ってこれんわ」

畔上よしえおばあちゃんの娘の喜美代さんが、早朝から友達と一緒に山へネマガリダケを採りに行き、汗だくになって帰ってきました。大きなリュックを量ってみたら二〇キロ。これを背負って、山から歩いて降りてきたのです。

一般にタケノコとはモウソウチクやハチクのことを指しますが、北信と北安曇地方ではこのイネ科クマザサ属のネマガリダケをタケノコと呼んでいます。

ネマガリダケは、採ってきたらすぐ皮をむき、茹でてしまわなければ、採れたての柔らかさと甘味が失われるので、その日は大忙し。

村の中だけで、四カ所の食品加工工場があり、六月の山菜の季節は、村の衆はみんなそこへ持って行って瓶詰や缶詰に加工してもらうとお聞きして、どうしても見てみたくなり、またまた野沢温泉におじゃましました。

南雲とくおばあちゃんのお宅でも、息子さん夫婦がネマガリダケを朝五時半から採りに行き、四〇キロの収穫。七人の一家総出の皮むきの後は、庭でさっそく味噌汁にして、おにぎりで簡単なお昼ご飯です。

嫁のめぐ美さん「今日はすごかった。青木（ここら辺でも、太くて中の穴が細い、よいものが採れることで人気の場所）に車五〇台、鈴なりに止まってたわ」

この季節、村では「タケノコ狩り」が盛んで、同級生、隣組など、さまざまなグループでタケノコ採りに行くのが「季節の欠かせぬ行事」となっているそうです。昔から、小・中学校で「タケノコ狩り」の行事があるほどです。みんなで山に行ってタケノコ汁を作り、食事をしたりお酒を飲んだりして親睦を深めます。

息子の一徳さん「仲間うちの楽しみは新年会・タケノコ狩り・忘年会、それと年一回の旅行かなー。今じゃ本当のタケノコ狩りだけじゃなくて、タケノコ狩りっていう名の、ただの飲み会もあるだよ」

四季おりおりの美味。それを保存しておいて、素朴な手料理でもてなしてくれる野沢温泉の民宿はすばらしいと思います。温泉のよさは有名ですし、冬のスキー場はオリンピックで一気に有名になりました。高速道路を下りて二〇分です。

とく「でもさ、二、三年前から不景気になってねぇ。オリンピックで道よくなったら、スキーも日帰り客が多くなって、民宿に泊まるお客さんがめっきり減ったんさ」

もっともっとたくさんの人に、ゆっくり野沢温泉を訪ねてもらいたいと思います。たくさんある外湯の個性を味わい、民宿でおばあちゃんの人情にふれ、いろんな話を聞いてみてください。きっと、元気が出ますよ。

●三人のおばあちゃんの宿
民宿「なぐも」
☎〇二六九ー八五ー二三九一
民宿「ゲンベ」
☎〇二六九ー八五ー二二九七
ペンション「カスミ」
☎〇二六九ー八五ー二四一一

まず根元から反っている方を皮むき器で削り取る。こうするとするっと全体の皮がむけて能率よく大量の皮がむける。

●ネマガリダケの味噌汁

　鍋に切ったネマガリダケと水を入れ、柔らかくなるまで煮る。薄切りにしたたまねぎ、サバ缶（大鍋１つでサバ缶半分くらい）を加え、たまねぎに火が通るくらい煮たら味噌で味をつける。昔は干しニシンでうまみを出していた。乾いたままハサミで切りながら鍋に入れる。今は昔よりニシンが高くなったし、サバ缶の方が手軽なので皆サバ缶を使うようになった。

きのこ組合加工工場へは皮をむいて切ったネマガリダケを持ちこみ加工してもらう。加工代は缶詰大245円、小190円。瓶詰大265円、小150円（家庭での瓶詰加工方法は41ページ参照）。

これが「マイ缶詰」。いつでも好きな時に食べられる。

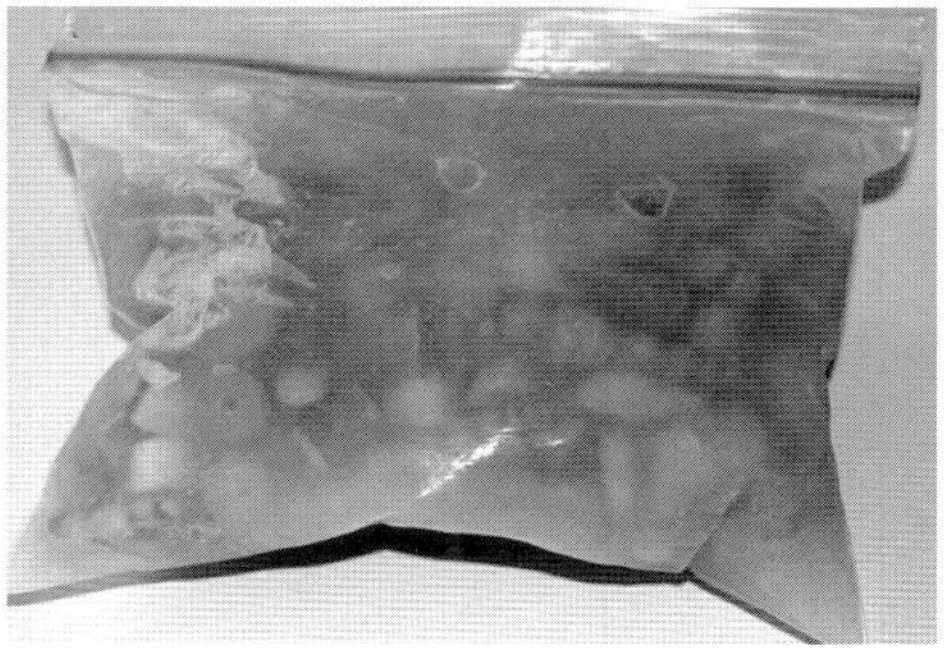

畔上さんは茹でて茹で汁ごと冷凍しておく。（普通タケノコは凍らせると状態がスカスカに変わってしまうが、ネマガリダケの場合は汁ごと凍らせればだいじょうぶとのこと）

美容師生活六〇年
いまはお茶出しが私の仕事

飯山市　金井ハツヨさん（93歳）

お菜洗いとの出合い

野沢温泉村で野沢菜の漬け込みを見そこねてしまった十一月の帰り道、飯山市で偶然、お菜洗いに出合いました。

美容師の金井恵美子さんと、野沢菜漬けのお手伝いにやってきたいとこの小林ゆき子さんの二人です。

「見せていただいていいですか」と、押しかけ見学をすることになりました。

野沢菜は洗って水気をきり、漬物用桶（野沢菜漬けに便利な、ちょうどよい大きさの四角い桶）に入れます。桶に入れる時は、一段目は根の方を左にしたら、次は右、というふうに交互に。途中、何回か塩を振ります。

野沢菜の漬け方はいろいろあり

野沢菜漬け用の四角い漬物桶。塩はこの程度に。

お菜洗い

ますが、この日はあら塩に市販の「野沢菜漬けの素」を混ぜたものを振って、簡単に済ませました。

「塩の量は手加減だからねー。一並べに一握りくらいにね」

一番上に、唐辛子を何本か乗せて、上から重石をします。二週間くらい経ったら、ぼちぼち食べられるそうです。

「さてと、漬け込み終わったない。ねえちゃん、ちょっとお茶飲んでがねっかい？」

恵美子さんは、今日もパーマをかけ終わったお客さんと、ちょうどお茶を飲むところだったのです。思いがけない誘いに、喜んでおじゃましました。

さ、飲んで飲んで！

恵美子「ここらの衆は、ほんとにお茶が好きだねえ。道歩いてる人に『よらねがい』『よってかねっがい』って声かけたら、それはお茶飲んで行けってことさね」

ゆき子「一杯茶ってことは、ねえだよ。お茶おけ（お茶うけ）出してさ、お茶何杯でも飲むのがいいんさ。腹いっぱい飲んでいっぱい食べないと、お茶飲んだ気がしないねえ」

恵美子「よそ行くと、お茶おけ一

●黒豆煮ハッチャン流

１升の黒豆に砂糖１キロを使う。鍋に洗った豆と砂糖1/3、水を多めに入れ、一晩置いてふやかす。そのまま火にかけ、豆が柔らかくなるまでコトコト弱火で煮る。豆が手でつぶれるくらい柔らかくなったら1/3の砂糖を加えて火を止める。次の日、また火にかけ、残り1/3の砂糖と塩または醤油少々を入れて少し煮て、火を止めて味を含ませる。

人ずつお上品にお皿に盛って、お茶を一杯出しておしまいでしょ。ああいうのは、どうも苦手なわけさね。緊張しちゃうね」

お客の吉越文子さん「ご飯食べ終わったら、まんまのお菜《さい》がどんぶりに二つくらい残っていないと寂しいわ。それお茶うけに、お茶飲みするからね。ここらじゃ、煮物でも何でもちょっとばか（ばかり）作るってことしないこって。大きい鍋にいっぱい作るねえ。大根煮るってせえば（言えば）、三本くらい煮ちゃうんだわね」

恵美子「普通さ、朝早く仕事することを、飯前《めしめ》仕事ってせう（言う）でしょ。ここの方言じゃ『茶前仕事』って言うんだわ」

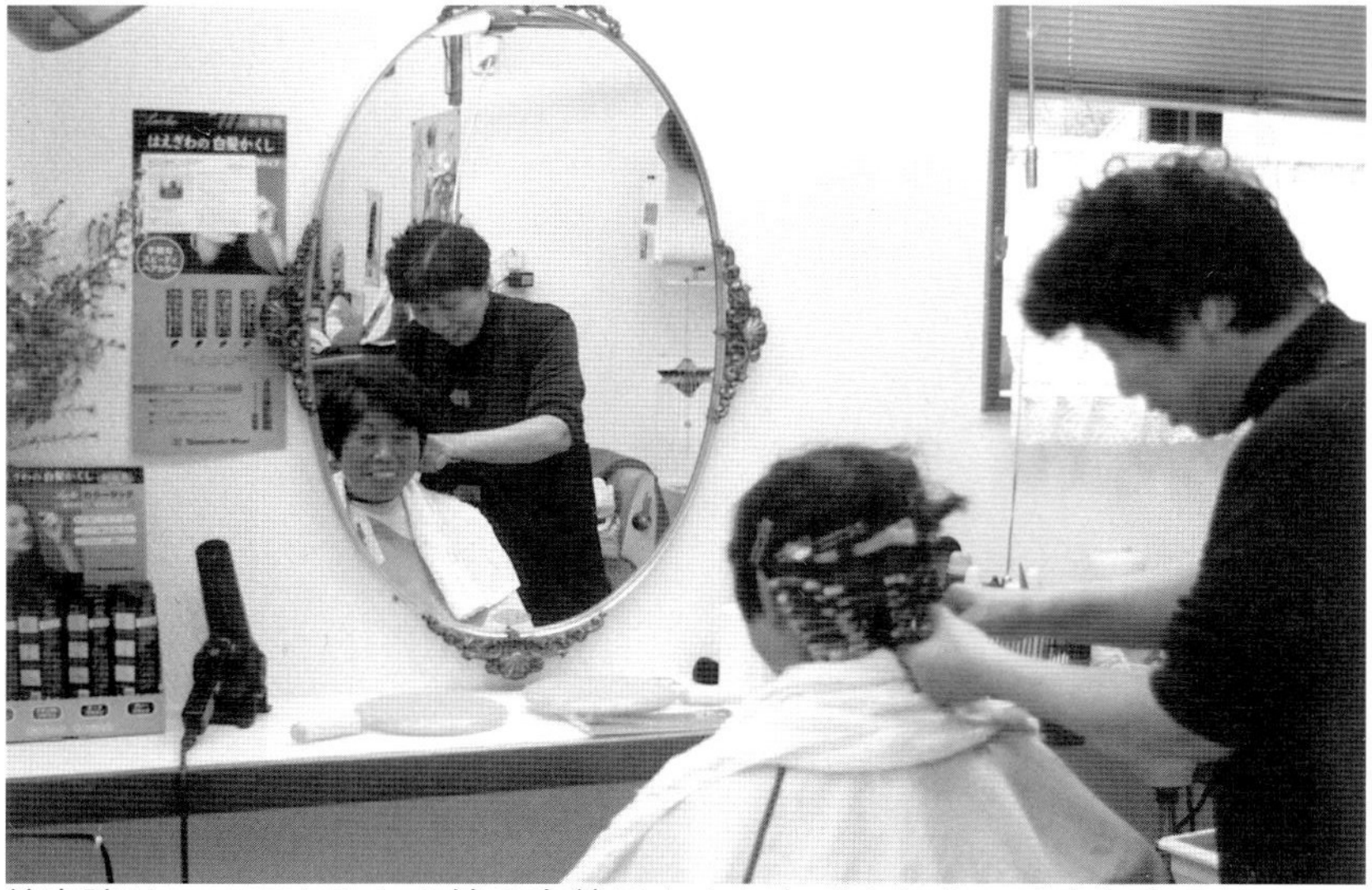
美容院はハツヨさんから娘の恵美子さんへとバトンタッチされた

　恵美子さんのおかあさん、金井ハツヨさんは九三歳。八五歳までは、この美容院で美容師をしていました。娘の恵美子さんに継いでもらって、引退したのです。

　しかし、今でもお茶出しはハツヨさんの仕事。「さ、飲んで飲んでね」と一生懸命お茶をすすめてくださいます。

ハツヨ「わたしはねえ、もうトシとっちゃって、何にも役にたたないの」

　いえいえ、九三歳の優しいおばあちゃんから、お茶を入れていただくと、何ともいえない幸せな気持ちになります。おばあちゃんがそこに居てくれるだけで、この小さな美容室に、温かい空気が流れます。

ハッチャンは苦労してることを隠すの…

　ハツヨおばあさんは、明治四〇年、福岡県に生まれました。

ハツヨ「あたし、本当は和裁の先生になりたかったの。でもね、ほら、ここに（おでこを指さして）傷があるでしょ。親がねー、お前はお嫁に行けないかもしれないから、手に職をしっかりつけなくてはいけないってね、東京の兄のところへ一八で行って髪結いになったの。時代の流れでパーマネントの技術が入ってきたから、二〇歳すぎてから美容師さんの家に奉公して五年、昭和二三年になって美容師の国家試験を受けたの」

恵美子「五歳の頃、飯山に初めて来た時のこと、よーく思い出すわ。父親と一緒に夜行列車で東京から来て、ここへお昼頃着いたのさね。そしたら、あたり一面に味噌汁のいいー匂いがただよっていてね。これが田舎の匂いだなーと思ったんだよね。どうしてあんなに匂いがただよっていたのかと思うよ。今、あのいい味噌汁の香りには出合

左から金井恵美子さん（62歳）、お母さんの金井ハツヨさん（93歳）、お客さんの吉越文子さん、いとこの小林ゆき子さん

わないねえ。
　昔、この辺ではみんな味噌を手作りしてたから、味噌も違うだよね。味噌煮る道具一式を共同で買ってさ。家々順番に回ってきて、味噌作りしたもんだよ。あの頃は、おかずってものがないだよ。味噌汁に具をたくさん入れたら、それがおかずさね。毎食、味噌汁とご飯三杯。だから、味噌汁もたくさん作ったから、あたり一面にただようくらいだったのかねえー」

ハツヨ「恵美子が七歳のとき下の子が生まれて、まだ二〇日しかたってないって時に、踏切事故で旦那に死なれちゃってね。三人の子供をかかえて大変だっただよ。それで、旦那の里に引っ越してきたの。男の子二人は高校出してやれただが、この子（恵美子さん）は学校やれなかったから、かわいそうだなあ。そんで、よその美容院に出して、美容師になっただいね」

恵美子「かわいそでねぇこって」

ハツヨ「神様、仏様、お客様が、よーく私を助けてくれて、みなさんに髪結いに呼んでもらったの。昔は髪結いさんが少なかったから、遠くの山奥までお嫁さんの髪結いと着付けに、何時間も歩いて行ったの。

婚礼の仕事に行くとね、婚礼のご馳走をお土産に持たせてもらえたのが嬉しかったねえ。味噌汁でご飯を食べていたような時だから、婚礼のご馳走といったら、それはすごいもんだったんね」

恵美子「でもね、ハッチャンはね、せっかくもらってきたお土産を、近所の人にお世話になっているから、といって先に近所の子にやって、最後に残ったのを家に持って帰って来るような人だったの。ほんとは、とっといて私らが食べたかったんね。ハッチャンは、苦労してることを隠すの」

ハツヨ「昔は、後から村に来た者は、何かにつけてよそもんは黙ってろ、と言われてね。できるだけ、大変でも自分のことは自分でと頑張ってきたの。服は全部縫ったし、美容院の仕事のない時は、和裁を教えたりしてたの」

恵美子「ハッチャンはね、いろいろバカをみてきたのさね。でも、あんときゃせつなかったねえ」

ハツヨ「食べるもんが満足になくてね。干し柿は甘くて子供が喜ぶから、子供を背中におんぶして一生懸命になって柿むいたの。それが、あるとき一晩で全部盗まれっちまったの。ずらーっと、軒下に干しておいたのが全部。泣いたなあ」

恵美子「せつねかったなー。だけど、誰かわからんし、どうしようもなかった。何もこんなビンボーな家の柿を全部とらなくたって……。な、ハッチャ、あれも人生、これも人生さ。でも、取る人の気持ち考えるとさ、その人も大変だったんだよな」

ハツヨ「人間は、ウソつかないで正しく生きていれば、いつかはいいことがあると思って生きてきたたよ」

パーマの後はお楽しみのお茶の時間

八五歳までの六〇年以上、ハツヨおばあさんは、美容師を続けました。明治時代のしつけを受けてきたおばあさんは、「女が夫の前でごろりと横になるなんていけない」「寝巻姿で居間でくつろぐなんて、はしたない」と、今でも恵美子さんを叱ることがあるそうです。

【金井ハツヨおばあちゃんのお茶うけ】

●３種の漬物

左から野沢菜漬け、たくあん漬け、大根の時漬け（とりあえず簡単に漬けて、すぐ食べてしまうものを時漬けという）。

大根の時漬けは塩漬けにして重石をしておき、水が上がったら酢・砂糖・みりん（酢の３分の１）を加える。

●ぬくめなます

輪切りにして千切りにした大根を鍋の中で油で炒めて、酢、砂糖、醤油で味をつける。

●きゅうりのやったら漬け

夏、きゅうりがたくさん採れる時、濃い塩水を鍋で沸かしてきゅうりにかけ、重石をして漬けておく。カビが出たらきゅうりだけ抜いて再び漬け直す。この時のきゅうりは前年の夏のもの。食べたい時に水につけて塩出ししてから、梅の砂糖漬けを食べた後の汁に漬ける。何回も漬け直す漬物を「やったら漬け」という。

●ピーナッツの味噌炒め

おつまみ用ではなく、乾燥しただけのピーナッツを買ってきて、フライパンの中で油少々を入れて炒める。パチパチという音がしなくなったら味噌とグラニュー糖を加えて混ぜる。量は好みで。

●そうめんカボチャの炒め煮

そうめんカボチャ（なますかぼちゃともいう）は５ｃｍくらいの輪切りにし、塩茹でにする。白かったのが黄色くなってきたらザルに上げて手でほぐすとそうめん状になる。

鍋に油を入れて千切りにんじん、干しシイタケを戻して切ったものを炒める。塩、こしょう、みりん、ごま油で味をつけ、ピーマン、そうめんカボチャを入れ、さっと炒める。

●干し柿のウーロン茶漬け

干し柿に冷たいウーロン茶をひたひたに注ぎ、冷蔵庫に３日置く。干し柿を冷凍保存しておき、柿のない夏にこうして食べると甘さもほどよくおいしい。

農業と多彩な趣味で青春の日々

小布施町　久保とみ子さん（68歳）

小林はる代さん（60歳）、孫２人と久保とみ子さん

桃の収穫。桃の毛が首元に入るとしくしくするし、かぶれるので完全防備でこの姿。

忙しい時はいいね

　上高井郡小布施町、千曲川沿いの果樹園で、夫と二人で桃とネクタリンを作る久保とみ子さんは、息子夫婦、孫三人と暮らす大家族のおばあちゃんです。「かきもち」「せんべい」「米はぜ」などの昔ながらのおばあちゃんのおやつは、お孫さんの大好物。

　とみ子さんは夏の収穫の時期は特に忙しくなります。桃とネクタリン合わせて四〇〇本くらいの木があり、多い時は一日一〇〇箱も市場へ出荷しています。気温が上がってからでは鮮度が悪くなるので、早朝五時頃から収穫し始め、朝のうちに終えてしまわなければならないので、時間に追われます。

　「忙しい忙しいってせって（言って）働いている時は、活気があっていいね。忙しい時の方が片付けだって何だって飛んでいってやるさ」

そんなとみ子さんを見ていると、はつらつとしていて、定年がなく生涯現役で体を動かして働ける農業は、とてもいい職業だと改めて思います。

とみ子さんは農業で忙しいかたわら、社交ダンス、生け花、写真撮影などいろいろな趣味を楽しんで、生涯青春を謳歌しています。

社交ダンスは昨年の町の広報誌の表紙を飾るほど

とみ子さんが今一番熱を上げているのは、一年半前から参加している写真教室。毎月一回ずつ撮影旅行と勉強会を交互に行なっています。お伺いするたびに、おばあちゃんならではの温かな目線から撮影されるほのぼのとした写真を見せていただくのが楽しみでした。

「写真を撮ると、景色の見方が変わるねえ。今度はどこかのお祭りに行ってみたいと思ってるがね」

時間があくと、仲間に声をかけて、半日くらいお茶飲みをします。この日は小林はる代さん、金井光恵さんとのお茶飲みです。

家族では孫を連れて何回もディズニーランドへ行っていますが、今度はお茶飲み友達のおばあちゃんグループだけで行ってみたいね、と計画しているそうです。

小布施町では、二〇〇〇年から「オープンガーデン」を始めました。町内で公募した五一の個人の庭と公共庭園を、誰でも気軽に見てまわることができるのです。

とみ子さんのお宅は、その案内冊子第一号に登場しました。渓流のせせらぎが響く山あいの風景をイメージして作られたという庭は、井戸から汲まれた水が小さな滝となって落ち、小川となって流れていくという凝ったもの。今度、小布施町におじゃまする時は、ゆっくりと一日いろいろなお庭を眺めながら、歩いてみたいと思います。

【小林はる代さんのお茶うけ】

●ラッキョウ漬け

塩漬けで売っているラッキョウ1キロに酢をひたひたに入れて1カ月置く。酢をあけて500ｇの砂糖を入れ、瓶の中で保存する。

●芋のこ（むかご）

300ｇのむかご（秋、長芋掘りの時、つるに小さい芋がなっていたり、土の上へ落ちていたりするので、一緒にとっておく）を塩茹でにする。茹でたての温かいところに、ごま40ｇ、ピーナッツ粉20ｇ、味噌大さじ半分、塩少々、砂糖大さじ2を入れて、手でよくもんでからめる。

●米はぜ

残りご飯を洗ってパラパラにほぐし金ザルに入れ、天気のいい日に２日干して乾燥させる（２日目は裏返す）。これを缶などに入れて保存しておく。油で揚げるとはぜて、雛あられのようになる。砂糖醤油をボウルに作っておいて、揚げたものを入れて混ぜる。

●栗きんとん

栗を茹でてスプーン等で中身をくり抜いて、そこに砂糖を入れて煮る。冷凍保存しておいて１年中食べる。むいて冷凍しておいた栗からつくることもある。栗菓子で有名な小布施の栗はたいへん風味がいい。

●梅のぼったら漬け

梅はよく熟し、黄色くなって１～２個落ちた頃のものを使う。梅５キロに塩700ｇ入れ、ひたひたに水を入れて、７日間漬けておく。ザルにあげ、７～10日、天日に干す。干した梅を多めの湯に入れて一晩置いておく。ザルにあげて、砂糖1.5キロ、酢600ｃｃ、しそ800ｇと一緒に瓶などに漬けこむ。暑くなってきたら冷蔵庫に入れる。

「人の顔が違うように、梅も作る人によりさまざま。何十種類も漬け方があるんだわね。何でも砂糖さえ入れれば一見おいしくなるけれど、それだけじゃないところが難しいね」

●ワラビの炒めもの

春に採ったワラビを塩漬けしておく。食べたい時に水につけて塩出ししてキンピラのように醤油とみりんで炒める。

●こしょうの葉の油炒め

夏に栽培したこしょう（青くて細長く辛いピーマン）の葉を炒めて、冷凍保存しておく。それを解凍してにんじん、きのこなどを加え、混ぜる。

●せんべい（「こねつけ」とも言う）

自分で作ったもち米を粉にひいてもらって作る。もち米粉１カップ、小麦粉半カップ、洗ってパラパラにしたご飯、卵、牛乳を入れて、おじやくらいの固さに混ぜる。フライパンに油をしいて焼く。小鍋に砂糖と醤油を入れて軽く煮たところへ入れてからめ、甘辛味をつける。ニラやもろこしを入れて作ったり、味付けの時、果実酒（ソルダムがおいしい）少々で風味付けしたりして、その時々にアレンジする。

【金井光恵さんのお茶うけ】

●セロリの漬物

セロリ（１株800ｇくらい）を食べやすい大きさに切る。酢とみりんをそれぞれ100mℓ、醤油150mℓ、砂糖70ｇを鍋で煮立てて、切ったセロリの上にかけ、重石をしておく。朝作ったら夕方には食べられる。

●バレイショのキンピラ

じゃが芋、にんじんを太めの千切りにして油で炒め、砂糖、塩、酒を入れてさらに炒め、最後に酢を盃１杯くらい入れて混ぜる。昔からおめでたい時に作る料理。

【久保とみ子おばあちゃんのお茶うけ】

●干しりんごの砂糖菓子

りんごを切って、砂糖を入れて煮てから干す。天日で４～５日干したら、グラニュー糖をまぶす。（下はネーブルオレンジの皮を３回茹でこぼして、同じように作ったもの。ふきも同じようにして作るとおいしい）

●きゅうりの鉄砲漬け

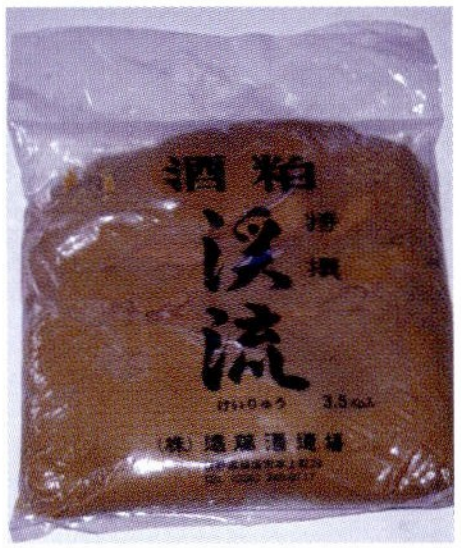

太めのきゅうりを縦半分に切り、スプーンの柄の方を使って種の部分を出す。にんじん、しそ、みょうがを細切りにして詰め、漬物用練り粕３に味噌１の割合で混ぜたものの中に漬ける。

●きゅうり煮

きゅうり３キロに対して、みりん200ｃｃ、砂糖400ｇ、醤油１合を沸かして煮る。タッパーに入れ冷凍しておけば、食べたい時、テーブルに出して自然解凍するだけ。

●ごぼうのごま煮

ごぼうは皮をこそげ取ってから水につけてアク抜きし、柔らかくなるまで茹でる。いったんザルにあげ、鍋の中で油で炒める。酒、味噌、砂糖、みりんを入れ、最後にすり黒胡麻をたっぷり入れてからめる。

【久保とみ子さんと力たけ子さんのお茶うけ】

●おやき（20～25個分）

中力粉１キロに熱湯１ℓを入れ、熱いので箸で混ぜる。酒100ｃｃ、サラダ油大さじ1～2､砂糖１カップを入れ、手に水をつけて柔らかくこねる。できれば１時間くらいおいておくと、のびがよくなる。その皮に好きなものを入れて包み、10分蒸す。包む時は手に水をつけるとやりやすい。中身はその時あるものを利用する。この日は大根があったので、薄い輪切り大根の間に砂糖味噌をはさんだもの、キンピラのように大根（一度から炒りして絞る）とにんじんを炒めたものを入れた。

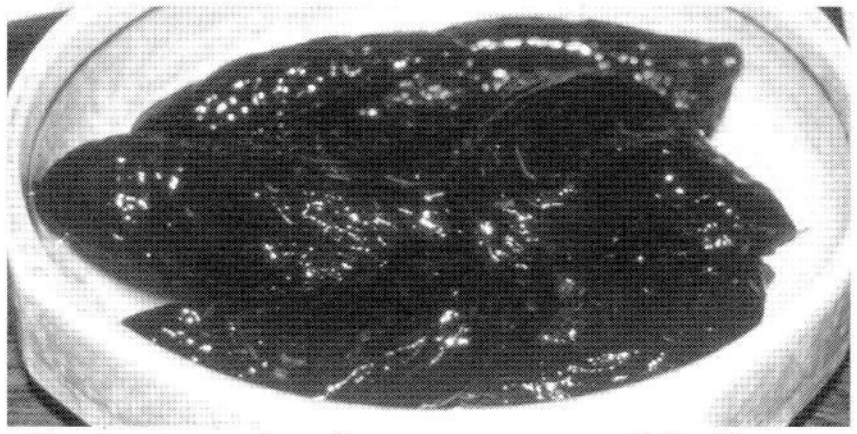

●ドライプルーンの甘煮

２つ割りのプルーンを天日で20日近くカチンカチンに干したものを保存しておいて使う。３～４回水を替えて洗い、水でまる一日戻し、砂糖を入れて汁がなくなるまで煮る。レモン汁を加えてもよい。

●かきもち

お餅を小さく切り、陰干しして保存しておき、油で揚げる。

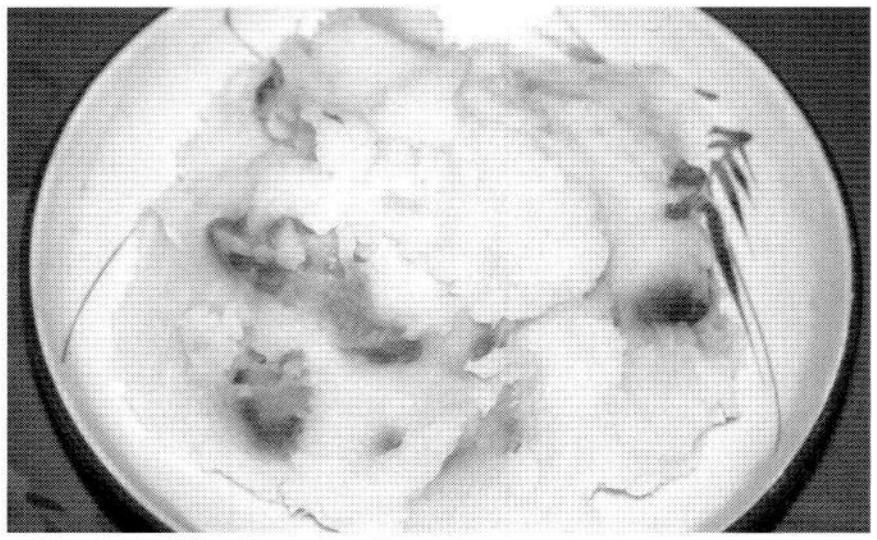

●長芋きんとん

長芋を茹でてつぶし、砂糖、塩少々を加え甘納豆を混ぜる。甘納豆が甘いので、長芋に入れる砂糖は控えめに。

●ドーナッツ

おやきミックス（ベーキングパウダーなどが入っている）を利用して作る。おやきミックス250ｇ、溶かしバター20ｇ、砂糖70～80ｇ、卵１個、牛乳180mℓ、塩少々、レモン汁少々を混ぜ、丸く絞り出して油で揚げる。

●アップルパイ

①パイ生地を作る。薄力粉175ｇを粉ふるいにかけ、無塩バター125ｇを乗せ、包丁などで粉を混ぜながら細かく切る。そこへ卵1/2個に水70～75mℓを加えて溶いたものを加えて手で混ぜ、ひとかたまりにまとめる。冷蔵庫でしばらくねかす（パイ生地は冷凍食品などの市販品を使うと簡単）。

②りんご２～３個を４つ割にして３mmくらいの厚さに切り、りんごの重さの２割の砂糖を入れ、鍋の中で水分がなくなるまで煮る。

③パイ生地を３mmくらいの厚さに延ばしてパイ皿に入れ、１cmの厚さに切ったカステラを乗せ、その上に②のりんごと干しぶどうを入れる。上からさらにパイ生地で蓋をして、切れ端のパイ生地で飾りをつける。

④200度のオーブンで20分焼く。焼いている間にりんごの水分がカステラに移りしっとりする。粗熱が取れたら粉糖を振りかける。（力たけ子さん作。この日のお茶飲みに不参加でしたが、お菓子を届けてくださいました）

「動くのが年寄りの仕事」九六歳ご長寿の秘訣

長野市　宮入美寿子《みすこ》さん（96歳）

新しい料理に挑戦

長野市の宮入美寿子おばあちゃんは九六歳。私が更埴市のそば店「つる忠」さんにいた時、お客様として来ていて、知り合いました。今回この本のために、私がお会いしたおばあちゃんの中で最高齢です。歩いておそばを食べに来る、その元気な姿に驚きました。

美寿子「健康ってことは、食べて働くこと。草取りだって仕事なんだから、年とったって自分から仕事みつけて動かなきゃだめ。動くのが年寄りの仕事だよ。世間の人の話を聞くに、年寄りに何にもやらせないでしょ。できることはやらせなきゃだめ。料理を年寄りが作ると、きたないだのなんだの言う家もあるって。そりゃ、いけないよ」

娘の鶴子さんと

「例えば、どんなお仕事をするのですか」とお聞きしたら、モップがけをしてくれました。

「足が自然に弱ってね。足さえよけりゃいいんだけどねえ」と言いますが、二階にだって上がって行っちゃうのです。

娘の鶴子さん「おばあちゃんは好奇心が強いとこがいいね。夕食の食材セットの配達を利用してるんだけど、私たちが留守の時なんか、作り方の紙を見て、新しい料理を作ってくれるんですよ。テレビの料理番組を見てメモしておいて、新しい料理に挑戦したり。その気力、前向きさがすごいと思うわ」

今日のお茶うけは、おばあちゃん手作りの煮物とおから煮。薄味でとてもおいしくできています。

鶴子「おばあちゃんの味つけは天下一品なんですよ」

美寿子「私はおつゆが好きなの。三度三度、ご飯と味噌汁がないとだめ。あとは漬物があればいいだ。野菜をよく食べるよ。肉は食べないなぁ。魚の干物や丸干しを少しだけ。たんとは食べないなぁ。鮭だけは、昔みたいなしょっぱいのがなくっちゃだめだから、特別に作ってもらって食べてるだよ」

美寿子さんは明るく楽天家。人寄せが好きで、よく家で「お茶っこ」（お茶飲み）をしていました。でも、よく寄ってくれた友達が次々と亡くなってしまいました。長生きしてありがたいし嬉しいけれど、それだけが悲しいそうです。

でも、今は同居している四歳のひ孫がおばあちゃんを友達だと思って、手をつないで一緒に歩いたり遊んだり。

婿の照男さん「年寄りになると二度ぼこになる（子供に返る）と言うけんど、本当にそう。ひ孫はばあちゃんと、なんだか気が合うだいね。年寄りと一緒にいると、人間ってかわいいもんだなぁって思えるだよ」

子供に義理をたてなさい

美寿子さんは明治三八年生まれ。一九歳で結婚して、更埴市の製粉・製麺業の家にお嫁に行きました。長野県で初めて機械を入れて、更《さら》科《しな》そばの乾麺を製造する工場で、麺を束ねる仕事なども手伝いました。パートさんを半日雇って一〇銭の時代です。

美寿子「隣の家が月給取りでさ、子供に本を読んで聞かせてやっているのを見て、うらやましかったなあ」

家業を手伝い、従業員に毎日「おこびり」に米一升も炊いておにぎりを作るのです。自分の産んだ子五人のほかに、早くに亡くなった兄の子二人も育てました。その他に小僧さん（奉公人）もいました。

美寿子「あの頃、気も体も使ったのがよかったんじゃないかな。いろいろ苦労もあって、心もできたしね。旦那がよかったから、わたしゃバカでも利口にしてもらったの。怒るってこともなかった、いいとうさんだったなあ」

お姑さんによく言われたのは、「ともかく、人に頭を下げなさい」「二〇歳を過ぎたら、子供に義理をたてなさい」という教えだったそうです。

「子供に義理をたてろ」とは、二〇歳までは一人の人間として言っていいこと、悪いことをしっかりと考えてしつけをして、二〇歳になったら、一人の大人として本人の考えや行動を尊重し、親といえども干渉しすぎないということだそうです。

「戦後のお母さんたちを少し教育し直さなきゃいけない」

美寿子さんは、口ぐせのようにそう言うそうです。

美寿子「金ばか（ばかり）あって、みんな競争ばっかり。いろんな人がいていいんだ。勉強だけで子供を評価しちゃうけど、人間の偉さは別のとこにあるでしょ。職業なんか苦にしない、その人なりの生き方があるでしょ。職業はその人の食べる手段でしかないんだ。家庭が一番だよ。心穏やかでいられれば、まっすぐものが見えるもんだ」

【宮入美寿子おばあちゃんのお茶うけ】

今日のお茶うけ。左からおから煮、しま瓜の粕漬け、かき、煮物（手前）

●煮物
おばあちゃんの煮物は煮干しダシがコツ。煮干しを水から入れて30分くらい弱火で煮て、よく味を出す。塩が主、醤油はほんの少々、砂糖少々で薄味をつける。

●おから煮
鍋に油を入れ、切った野菜（にんじん、ねぎなど）を炒め、塩、醤油、砂糖で味をつけ、おからを入れて炒める。水を入れてしっとりさせる。

●凍み豆腐の卵とじ
凍み豆腐を水につけて戻す。煮干しのダシに塩、醤油、砂糖少々を入れ、凍み豆腐の余分な水をきって入れて煮る。しばらく煮てから仕上げに溶き卵を入れ、卵とじにする。

美寿子さんは昔からの食べ物が好き。凍み豆腐も昔ながらのしっかりした歯ごたえのあるものを使う。

常に勉強、仕事に熱中 女そば打ちの心意気

更埴市　市川富士さん（72歳）

富士さんで６代目。でも、「今日始めました」という気持ちでそばを打つ。

明日のお楽しみは何にしよう

更埴市稲荷山のそば店「つる忠」は市川富士おばあちゃん（七二歳）が店主。富士さんをはじめ、女性スタッフだけのお店です。

この店に来る大きな楽しみは、おいしい十割そばを味わうのはもちろんですが、日替わりで出されているお代わり自由の漬物・煮物などとお茶のサービスです。旅館やレストランなどで出される漬物は、漬物工場で作られたものが多いので、地元に住む人でないと、家庭の味のお漬物は、意外に味わう機会がないもの。ここに来れば、いつでも温かい家庭の味が楽しめます。

「明日のお楽しみは何にしようかな、と毎日違うものを考えるの

が、私たちにとってもすごく楽しみなんですよ」

　十月にうかがった日、富士さんは知り合いから一センチ近くも厚さがある「漬物のレシピ」をもらい、「これを端から作ってみようと思ってるの」と張りきっていました。今後、新作が次々と登場しそうです。お店で気に入った漬物があったら、作り方を訊ねてみてください。きっと親切に教えてくれますよ。

今日もそばを打つことができて嬉しい

「つる忠」では、毎日朝七時から、そば打ちが始まります。

「そばを打つのが好きで好きでたまらないの。毎日、今日もそばを打つことができて嬉しいと思う」と、富士さんは十一時まで、実に楽しそうにひたすらそばを打ち続けます。

　朝、雪や雨が降って、今日はお客様が少なそうという日、スタッフが「こんなにおそば打ってどうするんですか」と言うことがあるそうですが、「いいじゃないの、余ったらみんなで食べて楽しみましょう。お客様が来なかったら、ずっとお茶飲みしてましょう。たまにはいいよね」と意に介さず。売上は朝来て一度も心配したことがないそうです。

　お金をいくら儲けましょうという気持ちは捨てる――。そして、ただひたすら二畳の空間でそば打ちに没頭して、そばを食べていただきお客様に喜んでいただけるようにと考えていると、ストレスもたまらないし、商売も自然にうまくいくようになるのだそうです。

　開店の準備が整うと、朝の打ち合わせを兼ねてお茶を一杯。そして、午後三時までが営業時間です。

「お客様がいらっしゃったら、まずしっかりと相手の目を見て、丁寧に『いらっしゃいませ』と言うこと」

「お茶とお漬物を持っていき、『いらっしゃいませ。お茶をどうぞ。お漬物はお代わり自由でございます。たくさん召し上がってください』と言うこと」

　富士さんはこの二つをとても大切に考えています。国産のよい材料でおいしいそばを作ることはもちろんです。でも、「お茶の置き方ひとつで、その店のおそばの味が変わってくる」と言います。

「お客様はね、お店に食べに来る時、甘えたいという気持ちがあるの。甘えさせてあげられる店はいい店。お客様はその家（店）の人たちと何か話したいんだから、

１～２ミリの太さにきれいに揃ったそば

少しの切れ端も捨てずにとっておき、そば焼き餅などにして食べる。

少しでも時間ができると客席でお客様と話す

お客様といかに話ができるかということもとても大事」

富士さんは一度でもお店に来てくださった方の顔をとてもよく覚えていて、おそばを打ったり茹でたりする合間に、できる限りお客様に声をかけ、話をするようにしています。

スタッフの昼食。たくさんの野菜が入った煮込みうどん（醤油味）。お店で出しているうどんに野菜やきのこを入れて煮込みにしたもの。

左から竹内淑子（よしこ）さん。新井春子さん、富士さんの娘さんの柳沢真理さん、市川富士さん

でも、すぐそば談義に夢中になりすぎて、「もっと広くみなさんにご挨拶してくださいよ」と、スタッフによく注意されるとか。

「スタッフは私を支えてくれる大切な人たち。従業員というのではなく、一緒にやってくれる仲間。あれやってという言葉で、あうんの呼吸でみんなわかり合えるの」

午後三時になるとのれんを下げ、やっとお昼ご飯とお茶飲みの時間になります。

「この時間は毎日、私たちのお楽しみ会なの」

その日も、少しゆとりが出てきた二時頃から、竹内さんが「おやき教室」を開いてくれました（三七ページ参照）。片付けの合い間に、作るポイントをお互いに教え合いながら、お昼ご飯を作っていきます。みんな、まず自分が食べるのが好き、そして作って人に食べてもらうのが大好きです。

保母時代の苦い経験

昔、更埴市の稲荷山は、長野県有数の問屋街として栄えていました。富士さんが生まれた七二年前「つる忠」は馬方茶屋として賑わった店でした。信州新町など遠くから馬の背に炭などを乗せて来て売り、帰りは農具などを買ってつる忠に立ち寄り、そばや煮物などのおかずを注文し、持参のおにぎりを食べて一服するのです。

五〇坪もあるお勝手に三〇人のお手伝いさんがいて、ずらりと何十もの鍋が並んでいたそうです。二、三階の畳敷きの客席は、畳が全然見えないくらいお客様がギッシリと座るほどの混雑でした。

二〇歳から、富士さんは保育園の保母として働きました。

「あの頃は、自分は何でも知っ

【毎日のお楽しみの漬物いろいろ】

●野沢菜煮

そば茹で用の大釜に煮立った茹で汁がたくさん入った状態の所へ野沢菜漬けを入れ、一晩そのまま入れて塩出ししておく。翌朝、食べやすい大きさに切って、ごま油で炒め、醤油、みりん、出し汁少々を入れて弱火で柔らかくなるまで煮る。最後に七味唐辛子をふる。

●ごぼう煮

ごぼうはさっと砂を洗い落とし（皮をこそげたりはしない）、長いままそば茹で用鍋の茹で汁が沸いた所に入れ、蓋をして一晩おいておく。余熱でごぼうが柔らかくなり、アクなく火が通る。翌日食べやすい大きさに切って、そばの汁に漬けておくだけ。白ごまをふって食べる。

●きゅうりの醤油漬け

きゅうり２キロを厚めにぶつぶつと切り、醤油２カップ、酢１カップ、砂糖400ｇを煮立ててきゅうりにかける。冷めたらもう一度、煮汁だけを沸騰させてきゅうりにかける。３回やったらできあがり。これに使った醤油は夏にできる「なんばん」という辛くて細長いピーマンの薄切りを漬けておいたものを使う。ピリッと辛く、うまみもあっておいしい。切ったきゅうりを、なんばん入りの醤油をからめておくだけでもおいしい。

●瓜の粕漬け

瓜は半分に切って、種の部分をスプーンですくい取り、そこに塩を入れて一晩漬ける。翌日、４キロの漬物用練り粕に砂糖１キロを混ぜたものに漬ける。

●抜き粕に漬けたなす

上記の瓜を漬けた後の漬け粕床に半割りにした丸なすを直接漬ける。なすを引き上げた後は、セロリやきゅうりを漬けるとおいしい。塩味が薄くなってきたら粕床に塩を加える。

●なすの辛子漬け

調味料（なす１キロに対し辛子粉50ｇ、砂糖300ｇ、塩80ｇ、酢1/3カップ、みりん1/3カップを混ぜておく）に丸なすを切ったはしから、どんどん入れていくだけ。漬けておくうちになすからどんどん水分が出てくる。朝漬けたら夕方から食べられるようになる。ビニール袋に入れ、冷蔵庫に保存しておく。

ていて、世の中で一番エライ女だと思ってたの。そう思ってた時、友達が一人もいなかったね」

富士さんは若い頃をこう振り返ります。

「だから、保母になって四年目に主任になった時、後輩が一人もついてきてくれなくて、悲しい思いをしてたの。自分がこの世で一番バカだと気付いたのは、保母になって六年目のこと」

当時、保育園で人気があった「幻燈」（影絵のようなもの）の借り物のフィルムを亡くしてしまい、必死に探しましたが、誰も親身になって助けてくれません。

「後輩たちによく思われていないから、そういう時、自分が困るわけ」

校長先生に「責任を取ってください」と言われ、辞表を出しました。

でも、「四月まではなんとか面倒をみてください」と一五〇人の子供の母親が毎晩一〇人くらいずつ交代で頼みに来るので、保育園に戻るべきか悩み、苦しい毎日を過ごしていました。

その頃、毎週一度は家に近所の人がお茶を飲みに来ていて、いろいろ楽しく話をするのですが、本当に苦しいことというのは、なかなか口に出して言えるものではありません。

ある時、お茶飲みの人達が帰った後、メモ用紙に「どうしたの？何かあったの？」と書いて置いてありました。富士さんは、紙に訳を書き「退職すべきか、しないでおくべきか、どっちにするか迷っている」と書きました。

すると、その人はまた紙にこう書いて置いてくれました。

「自分の人生、生きる道は自分の意志で決めなさい。

意志の裏には、必ず責任が伴います。

長野盆地が見渡せる高台の自宅前で。「70歳を過ぎて頑張って家を買ったの」

自分の意志でやったことは、命をかけても責任を取りなさい。

自分の力が八しかなかったら、六の仕事を受けなさい。

自分の力以上のものを受けてはいけない」

この五行のありがたさが今でも忘れられないのだそうです。この言葉で富士さんは心が決まり、退職して新しい道に進み始めました。

修業と貧乏の日々

富士さんの家は、大きな老舗の料理屋ですから、いつでもお皿を持ってお勝手へ行き、好きなおかずを取ってくればご飯が食べられました。ですから、二〇歳を過ぎても、ご飯の炊き方、味噌汁の作り方ひとつ知りませんでした。

これではいけないと思い、長野市篠ノ井の料理教室に週二回、二年間通いました。

「自分では料理作りは何もしない、ゴミと雑用の係だったの」

卒業後、先生に軽井沢の山荘の食事作りの手伝いに誘われました。

「カレーライスとカルピスしかできませんので」と辞退しました

が、先生は「あなたを見ていましたよ。だから私について来て」と言われました。軽井沢で二年間、朝三時に起きて、朝食のハムエッグ・ご飯・味噌汁から夕食まで、ここで実際にひとつひとつのことを徹底的に習いました。

今まで見たこともなかった洋食「スタッフ・ド・エッグミート」を見て、カルチャーショックを受けました。翌年から二年間は、野尻湖のＹＷＣＡ（宿泊施設）で、東京から来る大学の食物科の先生に食事を作る手伝いをして、さまざまな料理を手を抜かずに作ることを覚えました。東京から来る人たちに「ストレートにものをしゃべること、ストレートにものを考えること」を教わったのも、今に活きています。

その後、結婚し、そば屋を継ぎました。夫がそばを打ち、富士さんが接待や出前を担当しました。戦争もあって時代が変わり、問屋街もすたれ、店の規模も小さくなりました。

「雨や雪のひどい日、みんなが外へ出たがらない日は、決まって出前が多くなるの。娘の真理を背中におぶって、自転車ひいてラーメン配達して。次の日に器を下げに行くと、器が灰皿にされていたり、丼の中に鼻紙が捨ててあったり」

出前先で見下げられていると思うと、たまらなく悔しかったそうです。そんな日々が一〇年続きました。

「人並み以上にとことん貧乏もできました。だからこそ、その頃、精神や思いやりについてとても勉強できました」

あるとき、本屋さんに勧められて『そば　うどん』という分厚い本を買いました。おそばの基本を勉強すれば、なんとかなるのではないかと思ったのです。

10回目のお見合で出会った夫と。「お父さんがいてくれるから頑張れるの。お父さんが病気になってから、また良さが見えてきたよ」

ちょうどその頃、娘さんの進学のため東京へ下見に行き、そばを食べて、そのおいしさにショックを受けました。そして四八歳の時、東京の手打ちそば学校に行って一年間学びました。

「自分の力が八しかなかったら、六の仕事をしなさい。自分の力以上のことを受けてはいけない」という言葉は、「だからこそ常に勉強しないといけません」という意味になって、富士さんの体に染みついているのです。

一〇年前、夫が病に倒れました。

「逆境にある時ほど人間は強くなると言うけれど、その時ムラムラとやる気が出て、負けちゃぁいられない、私にはまだやることがある。もっと奥深くそばについて学びたいと思ったの」

二一日間、伊豆の山奥で合宿生活をしながら手打ちそばを学ぶ学校に行きました。六五歳の時のことです。

「今考えると、一番苦しい一年だったあの頃はバラ色だったよ」

七二歳の精神力と行動力

富士さんの人並みはずれてすごいところは、その精神力、そして行動力です。それは七二歳になった今でも少しも変わりません。休みの日には、おいしいと言われるおそば屋さんを求めて遠くまで出かけます。一人で車を運転して行くことも度々。

今年（二〇〇一年）秋のある日、私は富士さんから「目標とするおそばがあるから、一緒に行かない？」と誘われて出かけました。福島県山都町の宮古という村のそばです。

その日は朝七時半に出発して、高速道路を新潟から福島までそばを求めて走りました。ここの「手作りの温かさ」が富士さんの目標で、少しでも近づけるようにと努力しているのだそうです。ちっともそば屋ぶらない、気どらず、奢らず、自然体でそばを出している、そんなふうでありたいと思っているのです。

その後、富士さんは「山形に行ってみたいところがあるから行こう」と、さらにそば屋さんのはしごのため車を走らせました。日帰りでそこまで頑張るとは。同行して本当にびっくりしました。

実は、富士さんは一九九五年からの私のそば打ちの先生。そして、行けばいつでも、私に元気と勇気をくれる人生の先生でもあるのです。

福島県山都町宮古で

「『忙しい』という言葉は『心』を『亡くす』と書くから、よくない言葉だと思ってきたんだけど、元は仏語《ぶつご》だそうで、『亡くす』というのは仕事に集中する、熱中すると雑念を亡くす、という意味なんだって。本当はすばらしいこと。七二歳にして初めて知ったんだけど、今、自分もその境地に生きてるの」

「お客さまやスタッフにお叱りを受ける時が最高。ほめられたら、そば屋なんておしまい。そば屋でも偉い大学教授でもどんな職業の人も結局、みんなその仕事を通して『人のため』や『思いやり』を実現するために生きているんじゃないかと思う」

会うたびに、短い言葉で私を励まし、笑顔を見せてくれます。私自身、絶望のどん底にいた時、富士さんに出会いました。直接、その悩みについて話すことはありませんでした。ただ、おそばの打ち方を勉強しただけですが、富士さんの生きる姿勢が、その頃の私にどれだけ支えとなったことか。私は原点に戻り、再出発をすることができました。

富士さんにお会いするたびに、今でもすっとその頃の自分に戻り、今の自分のあり方について反省し、素直な気持ちになれるのです。

手打ちそば「つる忠」
更埴市稲荷山
☎〇二六ー二七二ー一〇二二
十一時～一五時　日曜祭日休業

【竹内淑子さんのおやき教室】

①まず、皮の生地を作る。中力粉300ｇに水250mℓを加えて混ぜ、５～６時間寝かせて「もち（粘り）」を出す（夏は冷蔵庫で）。入れる水は目分量。柔らかめの方が冷めても固くならずにおいしい。

②丸なすを輪切りにする。まず、厚さ７mmくらいに下を少し残して１枚目を切る。２枚目は下まで切り落とす。

③切り込みになった間に、味噌と砂糖と和風だしの素少々を混ぜたものをスプーンで入れてはさむ。

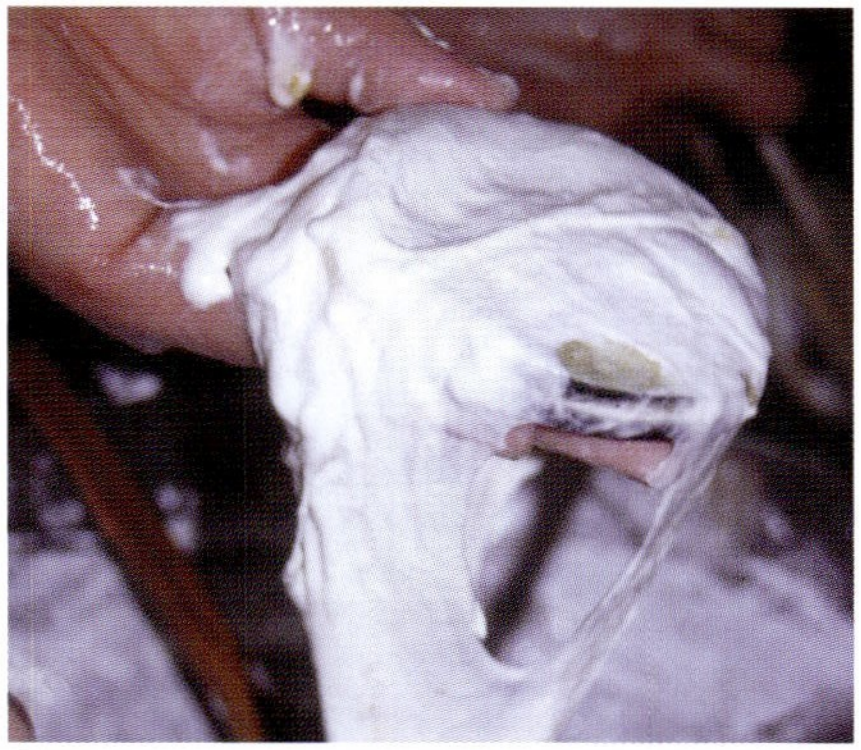

④手に水をつけて、寝かせておいた生地で包む。どろどろしていて包みにくいが、慣れれば手早くできるようになる。

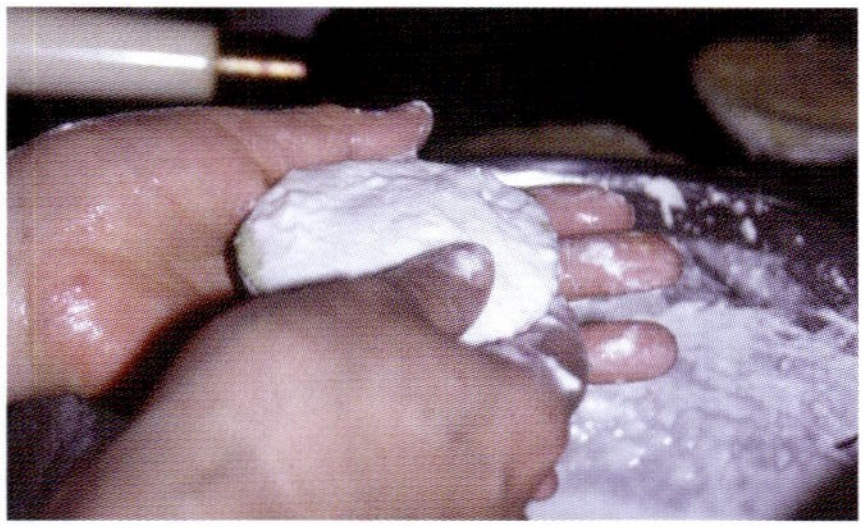

⑤なすの皮の部分は生地を包みにくいが、フライパンに油を敷いて焼いている間に、どろりと生地が下がってきて、皮の部分にかぶさる。

⑥中火で焦げ目がつかないように焼いて、蒸し器で20分間蒸す。このなすは生のまま使っているので、蒸し時間が長いが、火の通った具の時は短時間（８分くらい）でよい（この生地でのかぼちゃおやき42ページ）。

⑦モッチリした歯ごたえで、しかも冷めても柔らかいおやきの完成。

杏の瓶詰マジック
一年中お茶うけに活用

更埴市　島田斐子さん（78歳）
酒井光子さん（73歳）

いとこの島田厚子さんの杏園の「信州大実」

「瓶詰」という知恵

杏《あんず》で有名な更埴市森の島田斐子《あやこ》おばあちゃんを訪ねました。

「私はひとりで暮らしているから、お客様が大好きなの。さ、どうぞどうぞ」

今日、斐子おばあちゃんの家にお茶飲みに来たのは二軒先に住む酒井光子さんです。

光子「何だかね、毎日というくらい自然にここに来ちゃうの」

斐子「この前、光ちゃんがお孫さんの出産の手伝いに十二日留守にしたでしょ。あの時、光ちゃんのいない人生は寂しいと思ったね」

光子「私たち二人はお互いに宝なんですよ」

斐子おばあちゃんの家には、五本の大きな杏の木があります。

「私一人だから消毒も何もできないの」と言いますが、だからこそ一般的には一二回もの消毒作業が行なわれるなかで、今時貴重な無農薬栽培になっているのです。

この土地では杏のことを「新山丸」「佐竹丸」など、品種名で呼んでいます。ジャムには酸味と香りがよい「平和」、丸ごと大粒を生かして煮るなら「信州大実」や「新潟大実」など、それぞれ特徴があるからです。

毎年、食べきれないほどの杏が実るので、杏ジャム、杏のシロップ煮、しそ入り杏などの瓶詰にして一年中お茶うけに楽しみます。

室温保存でいつでも食べられ、瓶は何度でも使えるのでゴミも出ず、とてもすばらしい技術です。

島田斐子さん（右）と杏をたくさん作って出荷している酒井光子さん。

農地解放のショックを味わった元お嬢様

斐子おばあちゃんは、製糸工場経営者の娘として更埴市に生まれました。製糸業は『あゝ野麦峠』などで知られる女工さんを大勢使う、昔信州で栄えていた産業です。

「小学校の頃から、おかあさんと女中さん、子守りのばあやもみんな一緒に、夜になると爪にやすりをかけてマニュキアをしてたの」

お嬢様として大切に育てられ、二三歳の時、地主である今の家に勧められてお嫁に来ました。

家にはずらりと年貢入れの蔵が並んでいて、小作料だけで裕福な暮らしができました。

ところが、お嫁に来たちょうどその年、農地解放になり、地主制度が終わってしまったのです。たくさんあった農地は、みんなに分配されました。

お嫁に来る前には野菜ひとつ作ったこともありませんでしたが、残った田んぼで農作業をしなければなりません。

その頃の田植えは、みんな素足で田んぼに入り、素手で苗を一つ一つ植えていくのですが、斐子さんは初めてなのでヌルヌルした田んぼが恐くて気持ちが悪く、靴下と手袋という格好で田植えをしました。本人は必死でしたが、周りの人からおかしいと笑われました。

また、「雨の日には外に出てはいけない」と育てられてきたのに、農作業は雨の中でもするのが当り前でした。

斐子「農家の仕事は苦労だということがその時、初めてわかった。やっと人の気持ちがわかったの。周りの人もみんなこの苦労をしているのだからと耐えたの」

元お嬢様の斐子さんにとって、それは人の何倍もの苦労だったに違いありません。

今は子供が独立、夫も介護の末に見送り、毎日気楽に近所の友達や親戚の人と行き来して楽しく暮らしています。とてもお花が好きで、家の中も外もたくさんの花が咲いています。洋裁や編物の上手なおばあちゃんはいつも自作のとてもおしゃれな服を着ています。

光子さんも夫に先立たれ、広い

【杏と梅のお茶うけ】

●杏＆いちごジャムのヨーグルト（左上）

ホーローの鍋などに、杏（皮つきでよい）と好みの量の砂糖を入れ、煮詰めてジャムにする。

●しそ杏（中央）

昔は杏のしそ巻きといって1つ1つしその葉で巻いていたが、面倒ならばただ入れるだけでもおいしい。

①干し杏を1晩お湯で戻しておき、朝になったら杏を洗い（けっこう砂が出る）、重さを量る。

②吸水した杏の重さの80％の砂糖と戻し汁少々で砂糖みつを作る（この干し杏はたいへん酸味が強いので、戻し汁は酢の代わりとして使える）。これを瓶に入れておき、3回くらいに分けて少しずつ杏に砂糖を染み込ませていく。一度に入れたり煮たりすると、杏は縮んで硬くなり、おいしくできない。

③3回目の砂糖みつを入れたら、赤じその塩もみを入れ、殺菌程度にさっと煮る。それを瓶に入れて、脱気（次ページ参照）して保存しておく。

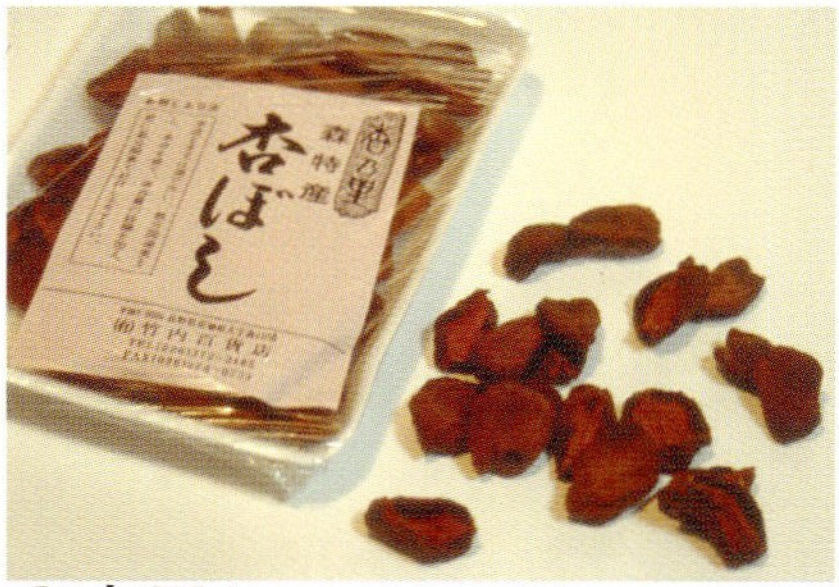

●杏干し

杏の実を干しただけの昔ながらの杏干し。カリカリに乾燥している。品種も昔からのものを使って作る。地元でしか見ることができない今では珍しい貴重品。

●梅のぽたぽた漬け

①梅は熟めば熟むほど、ぽたっとしたものができるので、黄色くなるまで木でよく熟させる。キズがついている梅も向いている。熟して木から落ちるくらいになったら、漬物樽に5キロの梅を入れ、350gの塩を入れてひたひたに水を加え、毎日1～2回かき混ぜながら、常温で7～10日おく（上にかびがはえてきても大丈夫。かき混ぜる）。

②天気のよい日に梅を引き上げ、3昼夜天日干しにする。

③乾いた梅を瓶に入れ、この時、赤じその塩もみ（ぎゅっと水分をよく絞ったもの）も入れ、酢をひたひたになるまで入れる。

④ここに氷砂糖を入れていく。梅5キロに対して2キロ入れるが、一度に入れると縮んでしまうので、2カ月くらいかけて少しずつ入れていく。（酒井光子さん作）

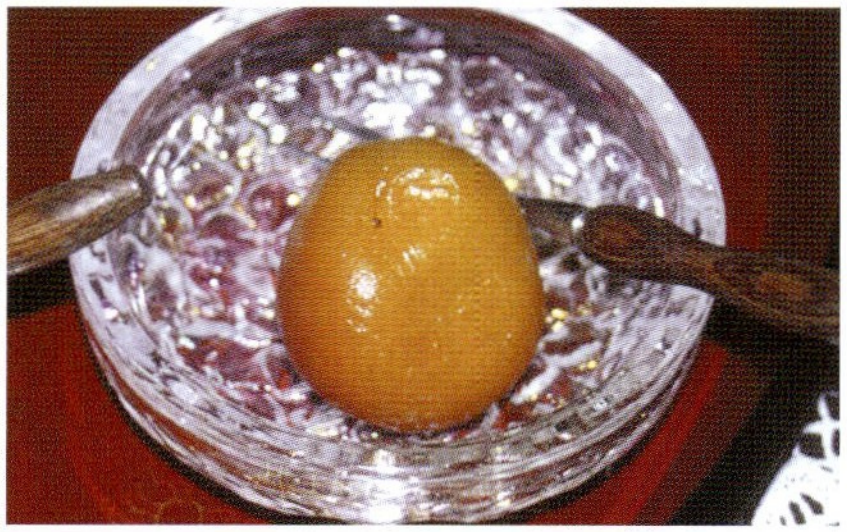

●杏の丸ごとシロップ煮

1升炊きの炊飯器に砂糖1kgと入るだけの杏の実を入れ、「保温」で6時間置く。それを瓶詰にして保存しておく。（島田厚子さん作）

【杏のシロップ煮・瓶詰】

【材料】

（容積300mℓの保存瓶で約12本分）

杏　42個くらい（3キロくらい）

砂糖　1キロ

【作り方】

①まず、保存ビンと蓋をお湯の中で煮て殺菌する。

②鍋に砂糖1キロと水3カップを入れ、沸かして砂糖を溶かしシロップを作る。

③杏は皮がついたまま包丁で実のくぼみに沿って切り、2つ割りにする（2つに割った方が小さい瓶にもたくさんの杏を入れることができる）。種は使うのでとっておく。長く煮ると実が崩れてしまうので、さっと湯通しして表面の色が鮮やかなオレンジ色になる程度に加熱してザルにあげる（鍋にお湯を沸騰させておき、少しずつ入れては、あみじゃくしですくい、数回に分けて行なう）。

④瓶を熱湯から出し（中身を詰めた瓶を再び熱湯消毒するのでお湯はそのままに）、湯通しした杏をなるべく隙間がないように箸などを使って詰め、種も入れる。種を入れると保存している間に杏仁《あんにん》の風味が出ておいしくなる。

⑤瓶にシロップ（熱いもの）を口までたっぷり注ぎ蓋をする。いったん締めたら1cm程度蓋を戻す。

⑥瓶の肩のあたりまで鍋のお湯に漬け、沸騰後5分間、瓶ごと煮る（杏の場合、それ以上煮ると実が柔らかく煮えすぎて崩れてしまう）。

⑦軍手などをして、やけどをしないように注意しながら瓶を取り出し、ぎゅっと瓶の口を閉め、逆さまに置く。これを「脱気」という（もし瓶の蓋に隙間があればシロップが流れ出てくるので、保存に適さないことがわかる）。

なるべく早く冷めるように、瓶の間をあけて置いておく。またはぬるま湯→水というように、急に冷たい水で冷やさないで、少しずつ水で冷やす。

食べる時は蓋のところに、スプーンの柄の先などを入れてプシュと空気を入れて蓋を開ける。蓋は数回使えるが、歪んで使えなくなったら、蓋だけを買い足すことができる。

＊なお、今回は杏だったので、瓶に詰めた後の煮沸が沸騰後5分だったが、たけのこやとうもろこしなどは15分加熱後、蓋を閉め、さらに今度は瓶全体がかぶるお湯の中で20分くらい煮て念入りに殺菌をすると安心（杏は煮崩れしやすいので煮過ぎるとどろどろに溶けてしまう）。

もも・りんごは砂糖をまぶし、水を入れずにさっと煮て、シロップと共に入れる。

たけのこは塩と酢を入れて瓶に入れ、瓶の中で煮る。

杏園を今は娘婿さんに手伝ってもらいながら守っています。

光子「おとうさんが病気で入院していたある日、枕元のノートに『日本一のおばあちゃん、どうもありがとう』と書いてあったの。びっくりして、どうしたのと聞いたら『夢に両親が出てきたから、もうだめだ、先が短いと思って書いた』というの。そん時は笑っちゃったけど、そのくらいやさしい人だったの。今でも、毎日、日記を死んだおとうさんあてに書いているんだよ。おとうさん、今日はこんなことがあったよって。口に出すと魂が通じると思って」

杏の瓶詰教室

斐子おばあちゃんから「六月末から七月中旬になると、杏がたくさん実るから、ぜひおいで」と誘われて、杏をもぎに行き、瓶詰の作り方を教えていただきました。

　今年、斐子おばあちゃんは、もう砂糖煮を大瓶六二本とシロップ漬け瓶詰一一本を作りました。

斐子「実がどんどん熟んじゃって、細かいことしていられないから、少し砂糖を入れて、さっと煮たものを瓶詰にしとくの。時々、この瓶をあけて、煮詰めてジャムやソースにして食べるの」

　信州でお土産として売られている杏製品は、残念なことに輸入品を使っているものが少なくありません（杏以外にも山菜、そば、豆など輸入品が多い）。

私たちは、わざわざ地方に出かけてまで、輸入品を知らずに買って、お土産だと満足しているわけです。

　その日、いとこの島田厚子さんからもたくさんの杏をお土産にいただいて来た私は、朝の四時までかかって八四本もの瓶詰を作り、いろいろな所へお土産に持って行き、たいへん喜ばれました。

斐子「たくさん杏の木がありすぎて、落ちた実を畑に埋めるのが大変だから、少し切ってしまおうかと思ってるの」

　だめだめ！　斐子おばあちゃんの庭の貴重な無農薬杏は私がまた来年、楽しみにしているから、切らないでいてね。

●きゃらぶき

　山ぶきを切って茹でて、その茹で汁に一晩置いておく。ザルにあげて水気をきり、砂糖、醤油、和風だしの素を入れて煮る。錆びくぎをガーゼなどに包んで入れておくと、真っ黒になる。仕上げにみりんを入れる。瓶詰にしたり、冷凍にしたりして保存しておく。

●カボチャおやき

　和カボチャを千切りにして鍋の中で油で炒め、砂糖、塩、和風だしの素少々で味をつける。おやきの皮（37ページ）に包んでフライパンで焼き、蒸す。カボチャの場合は「なすおやき」よりややゆるめに皮の生地を作り（粉300ｇに水270～280mℓ）、丸めたカボチャあんの上にとろりとかけるように乗せ、すぐフライパンで焼く。

細やかな心遣いと笑顔で家族の健康を支える

佐久市　工藤みねさん（77歳）

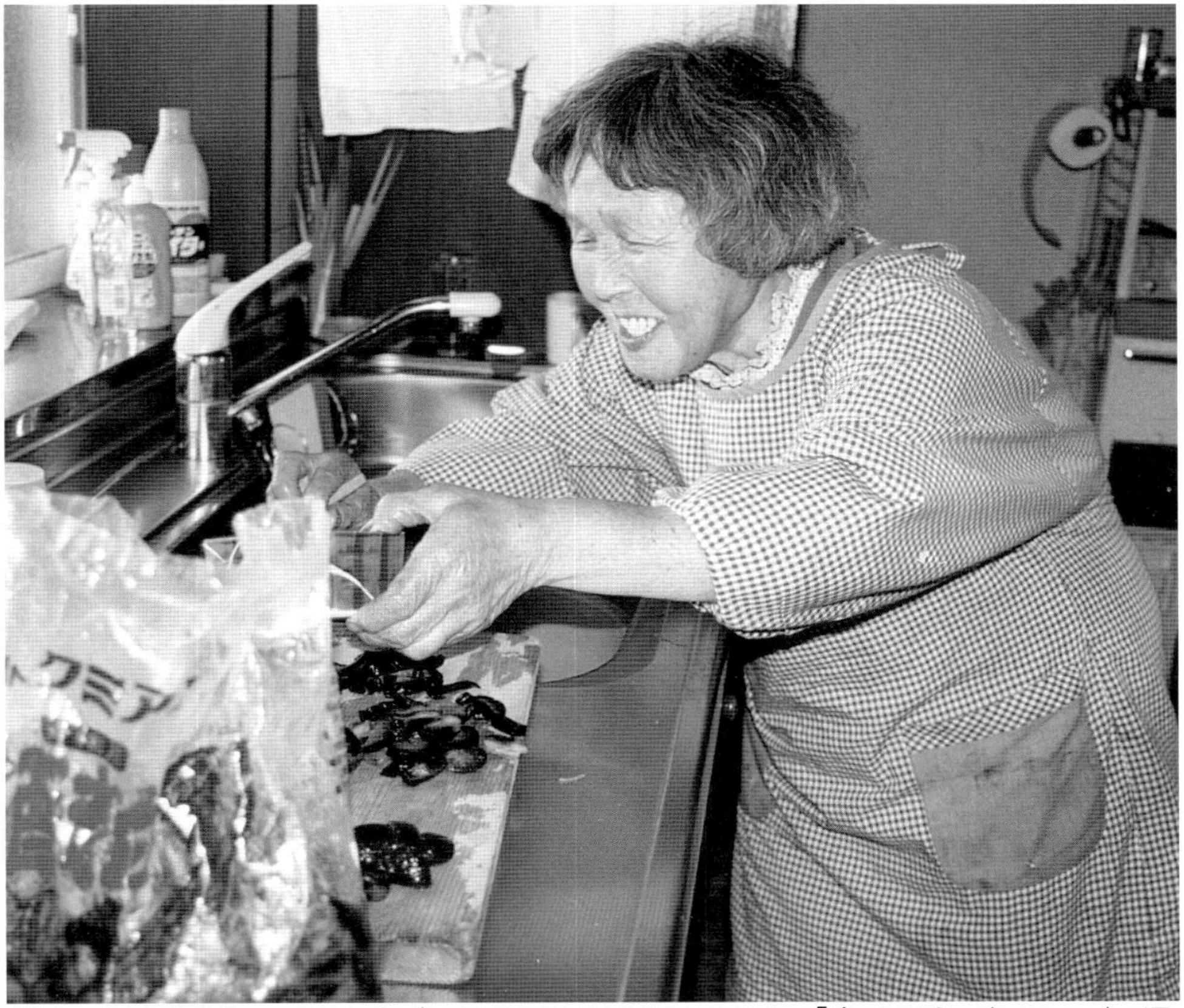

漬物はたくさん作って２キロずつに袋に入れて分けておく。「食べる時、楽でしょ」。酒粕の袋をリサイクル利用。

三束《さんぞく》揃った姑

茅野市で出会った小尾けさみおばあちゃん（九二ページ参照）のお嫁さん、佐久出身の小尾恵美子さんが、佐久にとても素敵な叔母《おば》がいるので紹介したい、と連れて行ってくれました。

「あれ、明日来るんじゃなかったの？　あれ、まあ」と言いながら、何も準備がなくても、数々のお茶うけを出してくださいました。信州のおばあちゃんの底力を感じます。

工藤みねさん夫婦は息子さん夫婦、孫と同居しており、五人家族のご飯作りはみねさんの担当です。

「こうしてね、梅漬けをきざんでおくと、種ついたのがコロンとしているより食べやすくて、朝忙しい時のご飯でも、みんなが食べ

左から小尾恵美子さん、工藤みねさん、工藤次雄さん

てくれるの」

おばあちゃんの細やかな心遣いに家族の健康が支えられています。

姪《めい》の恵美子さんは高校生の頃まで、いとこと姉妹のように仲良しで、しょっちゅう工藤さんの家に遊びに来ていました。みねおばあちゃんのお姑さん、つまり次雄おじいちゃんのおかあさんは、いつでもにこにこと歓迎してくれたので、恵美子さんもとても気軽に遊びに来れたのです。

みね「優しくて、頭がよくて、きれいで、器用な、ほんとにいい姑さんだった。私の帰りが遅いと、心配して門の所に出て待っててくれたり、お姑さんのまたその上におばあちゃんがいて、ああするもんだ、こうするもんだ、と言っても、こっそり『そんなことといいだよ、聞き流しておけば』などと、よく守ってくれたりしたよ。稲刈り、稲こき、かいこの世話など、忙しい時、自分も疲れているのに『おかあさん、一息抜いとくれ』と嫁を先に休ませようとするの。『三

●プルーン砂糖煮の瓶詰

プルーンは爪楊枝でプツプツ刺して周りに穴をあけ、1キロに対し300ｇの砂糖を混ぜて、ホーロー鍋などに一晩置いておく。翌朝、プルーンから水分が出ているので、火にかけて煮る。その時、グツグツ煮てしまうと皮がむけてしまうので、とろ火で「ぐつ・ぐつ・ぐつ」くらい煮て、火を止めて蓋をしておく。時間をおいて、それを３～４回繰り返す。汁に粘りが出てきたら加熱をやめ、冷まして瓶に詰める。口のところまで入れたら、蓋をギュッと締めてから少しゆるめ、蒸し器に入れて15～18分加熱して脱気する。取り出して蓋をギューと閉める（瓶の肩までお湯を入れて加熱してもよい）。

室温で保存できるため、食べたい時にいつでも食べられる。蓋を開ける時は、鍋に少しお湯を沸かし、逆さまに瓶を入れて蓋だけ温め、ねじって開ける。

●プルーンジャム瓶詰

プルーンは種を除き、皮ごとスピードカッターにかけて細かくして、初めの種ごとの重さ１キロに対し、600ｇ

の砂糖を入れて煮る。練るようにして混ぜ、水分を飛ばす。上記の砂糖煮と同様に、瓶に詰めて保存しておく。

●スイートポテト

さつま芋400ｇの皮をむいて、茹でてつぶし、砂糖（さつま芋の甘さを確認し、味をみながら入れる）、蜂蜜大さじ１、生クリーム大さじ２、卵黄２個分、バター30ｇ、バニラオイル少々、好みのリキュール（ここではホワイトキュラソー）大さじ1/2を入れて混ぜる。手で丸めて、上に卵黄をみりんで溶いたものを刷毛でぬり、オーブントースター（または250度のオーブン）できつね色の焼き色がつくまで焼く。（恵美子さん作）

●主菜●●●●●●●●●●●●●●●●●●●●●

もちきび入り鶏のつくね
もちきびとれんこんの和風チキンハンバーグ
もちきび高野豆腐丼
もちきび入りがんもどき
もちきび入り桜えびのかき揚げ
マスタード風味のもちきび豚のロール巻き
鶏胸肉とナスのもちきびカレーマリネ
たかきび焼きビーフン／たかきび春雨
雑穀ハンバーグ
たかきび豆腐ハンバーグ
たかきびマーボ豆腐／たかきびマーボ厚揚げ
たかきびマーボ大根／たかきびマーボ春雨
たかきびマーボなす
たかきびビビンバ
たかきび入りひじきコロッケ
たかきび入りおからコロッケ
たかきび入りおからのドライカレー
たかきびと豚の蒸しシュウマイ
もちあわエビチリ
グリル野菜のもちあわバジルソース
もちあわとお豆のスパイシーナゲット
もちあわと鶏の厚揚げいんろう煮
焼き野菜のもちあわ豆乳クリームグラタン

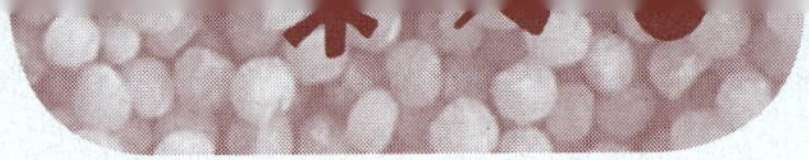

厚揚げのもちあわ中華丼
アマランサスのトマトソース
アマランサスのジェノベーゼパスタ
アマランサスの和風パスタ
ポップアマランサスの揚げ鶏
アマランサスの豆腐タルタルソース
雑穀おにぎり
グリルチキンのアマランサストマトソース
しこくびえ粉の豆乳クリームグラタン
長ひじきと大豆のそば粉かき揚げ

●副菜●●●●●●●●●●●●●●●●●●●●

ひじきともちきびのマリネ
コールスローサラダ
キャベツとわかめのもちきび和え
きんぴらごぼう
大根と青菜のもちきび煮
焼き大根と長ネギのもちきび和え
セロリとトマトのもちきび炒め
もちきびの大根餅
水菜とひじきの梅酢サラダ
雑穀入りポテトサラダ

アマランサス入りガーリックポテト
もちあわ入り冬野菜のとろとろスープ

●スイーツ●●●●●●●●●●●●●●●●●●●●

もちきびとりんごのクランブルタルト
もちきび入り豆腐のクリームタルト
しこくびえ粉の豆腐クリームケーキ
アマランサス餡のマフィン
しこくびえとオートミールのアーモンドクッキー
しこくびえのババロアとオレンジゼリー
桜のパウンドケーキ
しこくびえのシフォンケーキ
しこくびえとプルーンのパウンドケーキ
えごまとそば粉のほろほろクッキー

拡大コラム【野のもの通信】

3．雑穀の栽培

【栽培日誌】5/19 種まき、5/23 発芽、6/13 施肥、6/20 育苗箱から移植、6/25 セルトレー苗の移植、7/15 草取り、7/22 出穂、9/13 収穫、10/4 脱穀、11/12 はざ掛け、11/15 精白

4．伊那の雑穀プロジェクト

雑穀プロジェクト in 伊那
伊那地域アマランサス研究会
信州大学農学部

キリトリセン

注文カード

地方・小出版流通センター 取扱品

●書店へご注文の場合、この用紙をお持ちください。

日々雑穀 定価 1680 円（税込） 注文数 冊 ISBN978-4-906529-59-9 C0077 ¥1600E		取扱い書店
お名前	TEL	
ご住所		

川辺書林
〒三八〇-〇九三五
長野市中御所五-一-一四
TEL 026（225）1561
FAX 026（225）1562

低カロリーで高ミネラルの健康食品として静かなブームを呼ぶ雑穀――。老化・肥満・アレルギー・ガンなどの予防や美容に効果があるだけでなく、化学肥料や農薬が不要で自然環境にも優しい作物として注目されます。本書は信州伊那谷にある雑穀と野菜の手作りレストラン「野のもの」を営む夫婦が雑穀の魅力を余す所なく伝えます。ちょっとの手間と工夫で簡単に慣れ親しむことができる雑穀レシピ70品を一挙公開、現地での栽培の様子や地域に広がる雑穀プロジェクトも紹介します。あなたも日々の食卓に雑穀をいかがですか。

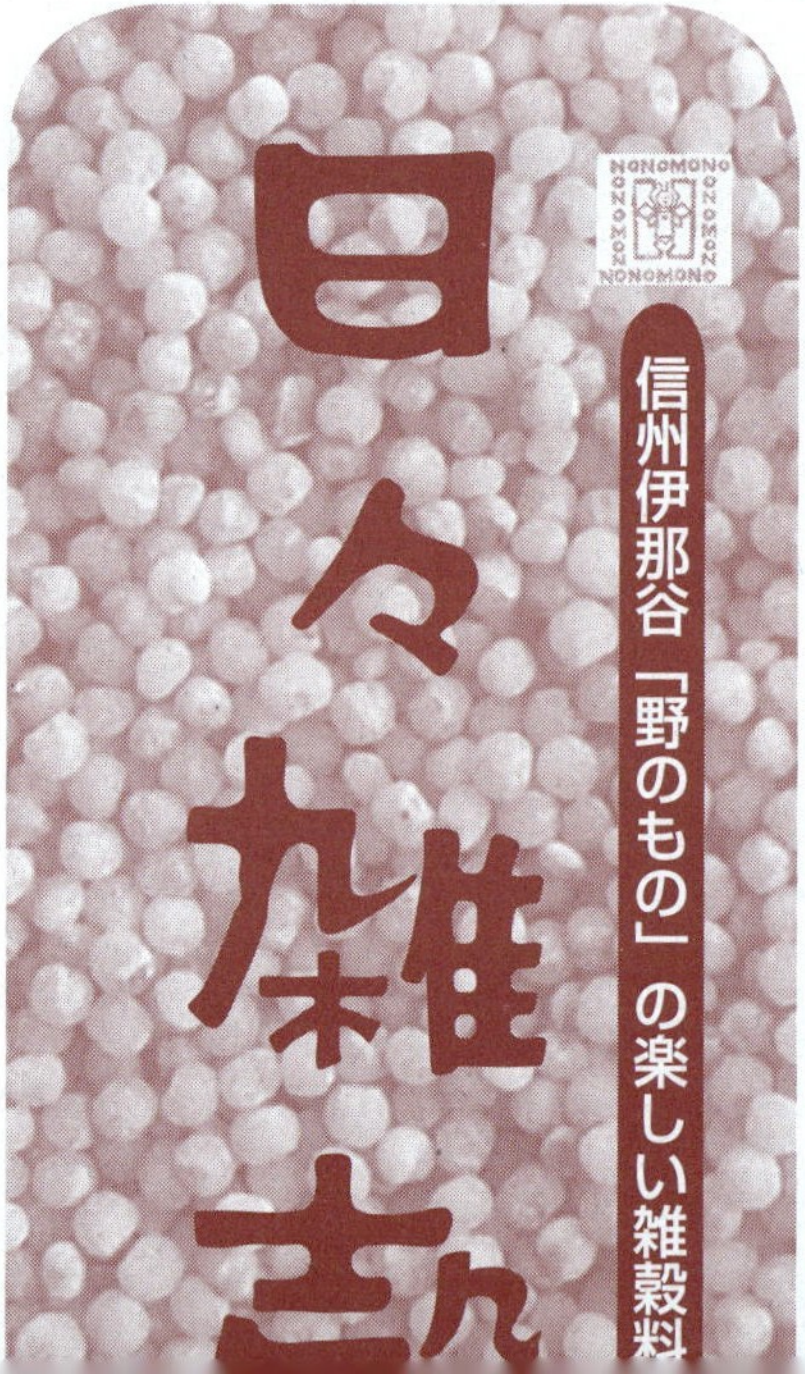

吉田由季子＆吉田洋介 著
B５判変型
119P
（カラー 96P）
1680 円（税込）
川辺書林

1．雑穀入門
もちきび
かたきび
もちあわ
アマランサス
しこくびえ

2．雑穀メニュー

きゅうりと厚揚げのサラダ
じゃがいものしらす梅和え
きのことほうれん草の雑穀とじ
れんこんの梅和え
れんこんとブロッコリーのたかきびナッツ炒め
たかきびニラチヂミ
ゴーヤチャンプルー

【工藤みねおばあちゃんのお茶うけ】

●小梅の砂糖漬け

小梅は熟しすぎず、表面の皮が張りきった時に採り、薄い塩水に３時間くらい漬けて梅割りで割り、35度の焼酎をかけて引き上げる（その焼酎は他の漬物に少しずつ使う）。梅３キロに対し砂糖500ｇ、氷砂糖2.5キロを入れて大きな瓶などに漬ける。

●しその実のつくだ煮

しその実はよく洗って、つゆをきっておいて、一度醤油茹でにする（しその実1.5キロに対して４カップ）。別の鍋に酒100mℓ、醤油２カップ、砂糖2/3カップ弱を入れておき、その鍋に網じゃくしでしその実をすくって入れ、煮る。味をみて砂糖などを足す。最初に醤油煮にした鍋に残った醤油はアクが出ているので捨てる。

●赤梅漬け

作り方は上記の小梅漬けと同じ。塩もみした赤じそを加える。

●きざみ梅漬け

梅１キロに塩200ｇ、酢100mℓ、焼酎20mℓを入れて、重石をしておく。１カ月後、赤じその葉が畑に出たら塩もみして加える。

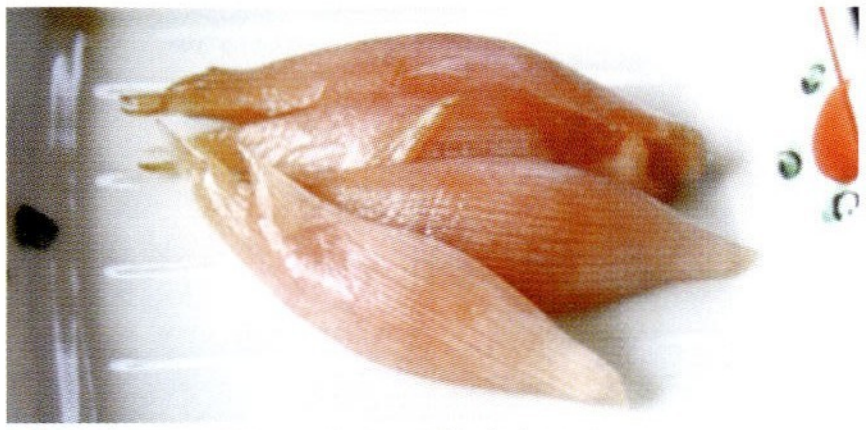

●みょうがの酢漬け

みょうがを一晩、薄い塩水につける。翌朝、みょうがだけを引き上げて、瓶にぎっしり詰め、酢と少量の砂糖を入れて煮立てて冷ました汁をみょうがかぶるくらいに入れる。

●なすの辛子漬け

なす４キロを２つ割りにして、塩３合、水３合の中に入れ、２日くらいつけておく。その後、なすを引き上げて、砂糖１キロ、焼酎１合、酢１合、粉末辛子100ｇに漬けると４日くらいで食べられる。

●瓜の粕漬け

瓜は種の部分をスプーンなどでくり抜いて、塩をくぼみの半分より少し多いくらい入れ、押しをして一晩漬けておく。水があがったら桶から出して、平らなザルに上げて干す（よく乾く程度。朝10時頃に干して夜までくらい）。漬物用練り粕４キロ、砂糖２キロを混ぜたものに漬ける。

束揃った人』という言葉があるけど、ほんとにそういう人だったね」

次雄おじいちゃんは、お母さんそっくりだそうです。まるで生まれつき笑い顔のお面でもかぶっているように、終始ニコニコ。笑顔の絶えない優しさに満ちた家庭で育つと、こんなにすばらしいお顔になるのでしょうか。

そのお姑さんは一〇〇歳まで生きたそうです。九六歳まで家族と一緒に「おかいこさま」の世話をしていました。

おかいこさまは昔はどこの農家でも貴重な現金の収入源でした。工藤家では年間一〇〇貫の繭を出荷していました。一貫は三・七五キロですから、あの軽い繭玉で三七五キロとは相当な量です。

朝五時、午前十時、午後四時、午後十一時と一日四~五回、新鮮な桑の葉をかいこにやらなければなりません。十二時過ぎに寝て、朝四時頃起きるのが普通です。

わざわざ四~五回も山へ桑採りには行けないので、庭のコンクリートブロックの小屋に桑をしおれないように入れておきます。

かいこは一カ月ほどで繭を作ってくれます。それを七月、八月のお盆の頃、九月中旬、九月末と年四回繰り返すのです。

次雄「今考えれば、よくあんなことやったと思うよ、家中、畳を上げてかいこ部屋にして、人が縁側なんかで寝てたんだから」

佐久鯉とフナ

佐久市といえば、「佐久鯉」で有名です。昔は、水田の中で鯉を飼っていました。六月頃から秋の稲刈りの前まで、三カ月水田に入れておくと、六センチくらいに成長します。よいものを選んで池に移し、大きく育てるのです。養蚕で繭を取る時、さなぎがたくさん出ます。そのさなぎを餌として鯉を育てたのです。

フナもどこの田んぼでも飼っていました。小さいフナを入れておくと、動き回るので、田に雑草が生えてこないのです。このフナは稲刈りの時、水田の水と一緒に田から出します。甘露煮にしておくと保存がきくので、冬場のタンパク源として一石二鳥でした。

どこの田んぼでもフナを育てていた昔とは違って、今はすぐに鳥に狙われて食べられてしまうので、専用の囲いをした池で飼われています。

フナの甘露煮はおじいちゃんの好物なので、おばあちゃんは毎年秋に欠かさず作ります。

次雄「この頃はこのあたりにも海の魚がいくらでも入ってくるけど、やっぱりフナや鯉がうまいだよ。これから寒くなると、鯉の身がしまってうまいね。ここらではお客さんが来た時のごちそうに鯉こくを出すのさね。ばあさんのはうまいから、また出かけておくんなんし」

●フナの甘露煮

フナ１キロに対し、醤油１カップ弱、砂糖300ｇ～350ｇ、みりん半カップを使う。日本酒を入れてもよい。田んぼからとってきて洗ったフナを鍋に入れ、醤油だけ入れ、蓋をして息絶えるまで１時間置いておく。砂糖とみりんを入れて、水分が少なくなるまで煮る。秋に作って冷凍しておき、１年中食べる。

【みねおばあちゃん自慢の福神漬け】

恵美子さんが、みねおばあちゃんの福神漬けはものすごくおいしいと絶賛されるので、作り方を教えてもらいました。秋に大根が採れたところで、夏に漬けておいたきゅうり・なすと合わせて作り上げる、とても手間がかかる漬物ですが、ご飯のおかずに、お酒のおつまみにと、みんなが楽しみにしています。

夏、たくさん採れたなす、きゅうりがあまって困る時、塩１キロ・おから１キロを混ぜた中に入れておく（きゅうりはそのまま、なすは縦に半分に切る。

①なす10個（300ｇ）、きゅうり６～７本（500ｇ）は漬け床から出して、４ｍｍくらいの半月切り・輪切りにして、たっぷりの水に漬ける。２～３回水を替え、24時間、すっかり塩気が取

れるまで塩出しする。手ぬぐいを縫って作った袋に入れ、少し斜めにしたまな板の上に乗せ、上から重石をして、よく水分を絞る（みねさんは石臼を乗せる。洗濯機の脱水機で絞ってもよい）。

②大根３本（３ｋｇ）は２～３ｍｍの厚さのいちょう切りにして、塩30ｇをふり、半日くらいおくと水っぽくなってくるので、なす・きゅうりと同じようにして布袋に入れて絞る。

③レンコン500ｇくらいを２ｍｍの厚さのいちょう切りにして、酢を入れたお湯でさっと茹でる。

④にんじん３本、しょうが40ｇくらいを２ｃｍくらいの長さの短冊切りにする。

⑤昆布（16×15ｃｍのもので５枚）は布巾でふき、長さ３ｃｍ、幅２ｍｍくらいの細切りにする（調理用ハサミで切る）。

⑥するめも昆布と同じ大きさに切り、昆布と一緒に300mℓのお酒に丸１日漬けておく。

⑦すべての材料を混ぜて壷に入れる。

⑧タレを作る。醤油２カップ、砂糖200ｇ、みりん１カップ、旨み調味料小さじ1/3を鍋に入れて砂糖が溶けた後、半量になるまで煮詰める。火を止めて酢大さじ1.5を加える。タレが熱いうちに壷の中味にかけ、平らに押さえて１～２日置いておく。冷蔵庫または涼しい部屋で保存する。

日帰り温泉で仲間とのんびりお茶飲み

浅科村　あさしな温泉「穂の香の湯」

露天風呂とお茶飲み

信州で楽しいお茶飲みをする場所として欠かせないのが、県下にたくさんある日帰り温泉です。

三月、浅間山が見渡せる丘の上にあるあさしな温泉「穂の香の湯」に寄ってみました。

親しい仲間と出かけて、広い広い露天風呂を楽しんだ後は、ぽかぽか床暖房の休憩室でのんびり昼寝をしたり、持ち寄ったお茶うけでお茶を飲んだり。たくさんのグループが、それぞれのテーブルを囲んでいます。気が向いたら、またお風呂に浸かって、のんびり体を休めます。

みなさんの早春のお茶うけを、ちょっとのぞかせていただきました。

左・佐藤モモ江さん（83歳）、右・佐藤孝信さん（85歳）。偶然同じ苗字ですが、２人は今日たまたまここで会った昔からの飲み友達グループの中の２人。片道100円の福祉バスで毎日のようにやってきます。

「ここに来ると、みんな友達になっちゃうだよ。裸になって話し合える所だからね。一人暮らしでも、ここに来ていればみんなに会えて寂しいってことがないだよ」

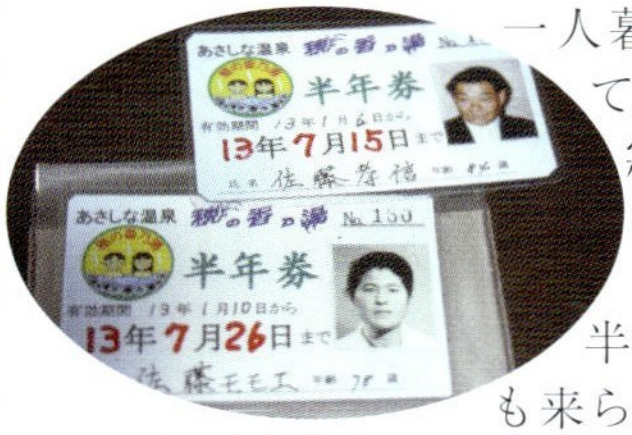

半年券15000円で何回でも来られます。

２人の佐藤さんのお茶うけ。左から野沢菜漬け、なずなのお浸し、（その下）おでん、きゅうりの浅漬け。

こちらのグループは、浅科村のとなり組の仲間。月に2回くらいここに来ています。左から松沢みどりさん（83歳）、高野つや子さん（82歳）、岩下たか子さん（80歳）、篠原政子さん（77歳）、松沢ちか子さん（74歳）。

今日のお茶うけは、左から、きゅうり漬け、野沢菜漬け、（その上）干し芋、おまんじゅう、ほうれん草のくるみあえ、瓜のかす漬け、野沢菜漬け。

●ふきのとうの天ぷら

衣の粉をビールで溶くとサクッと揚がる。

●おまんじゅう（材料46個分）

小麦粉（薄力粉500ｇ）	
卵	Ｍ１個
砂糖	200ｇ
牛乳	200mℓ（水でもよい）
重曹	大さじ１
酢	大さじ１（重曹の苦味を取る）
サラダ油	大さじ１
中に入れるあんこ	約１～1.5キロ

①小麦粉と重曹を合わせてふるう。
②それ以外の材料をボウルの中で混ぜる。
③小麦粉と重曹を加えて、こねないようにひとかたまりに混ぜ、30分くらい置いておく。
④棒状にして46個に切り、あんを包んで蒸し器に並べたら、おたまで１個ずつに水をかけ７分蒸す。
⑤蒸し上がったら粗熱を取り、１個ずつラップ等でくるむ。
※佐久地方では「おやき」はあまり作らず「おまんじゅう」が多い。

温泉の売店にも、おまんじゅう、はや（川魚）のから揚げや天ぷらなど、この地方のおいしい食べ物が売られています。

手ぶらで出かけて売店のお茶うけでゆっくりするのもよさそうです。

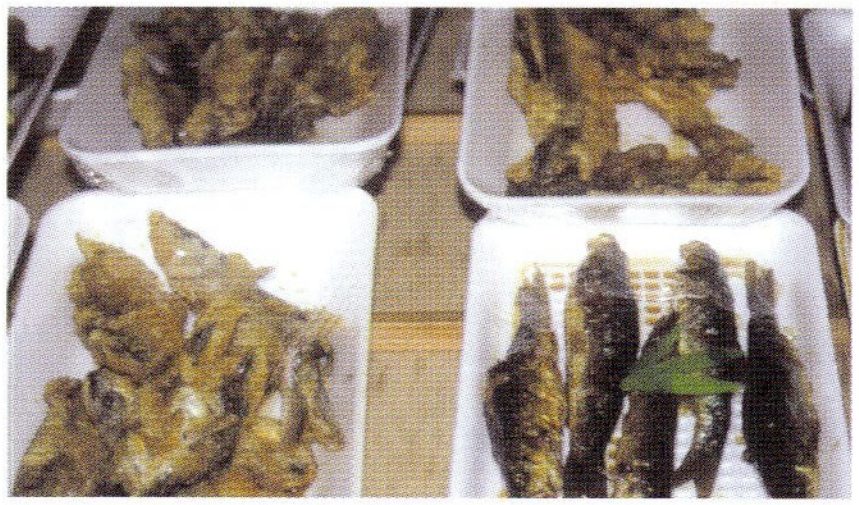

友達でも嫁姑でも、言いたいことを全部言っちゃダメ！

佐久市　重田信江さん（68歳）
　　　　江原マサさん（73歳）

「にんじん一本貸して」という近所付き合い

三月に浅科村の温泉「穂の香の湯」に行った時、とても料理好きなおばあちゃんにお会いしたので、十月に佐久市のお宅を訪ねました。

重田信江さんと江原マサさんは、一九六〇年に信江さんが、一九六一年にマサさんが家を建てて隣同士になったのが縁で、それ以来四一年の親しい付き合いを続けています。

「お茶だよ」「はいよ」と毎日一緒にお茶を飲み、「ちょっと、この煮物の味みて」「にんじん一本貸して」「編み物仕上がったから見て」などと、ちょっとした時にお互いに声をかけ合ってきた大親友です。

子供の手が離れた五〇代から、夫婦二組で東北や北海道などへ旅行に行ったり、県内の温泉めぐりを楽しんでいます。

ところが、昨年マサさんが、二世帯住宅を新築するために広い土地が必要になり、引っ越しせざるを得なくなりました。歩いてわずか一〇分の所ですが「すごくつまらない。寂しい」と信江さんは悲しがります。

信江さんは、マサさんが引っ越して行った後の家を購入し、二つの家を廊下でつないで使っています。以前のマサさんのキッチンが、今では信江さん専用のキッチンとして活用されています。

「いやなことは穴を掘ってそこに三回言え」

信江さんは学校で給食調理員をしてきました。人手が足りないから補充がつくまでの間ということで始めましたが、三〇年近くも続けました。退職した今でも、食生活改善推進協議会の学習会、コスモス会というお年寄りの会食会の調理、介護食勉強会でのお年寄りへのお弁当作りなど、食に関する活動に積極的に参加しています。

家では、息子さん夫婦と孫との六人家族。毎日夕食作りは、信江

【新聞紙で作るカステラ型】

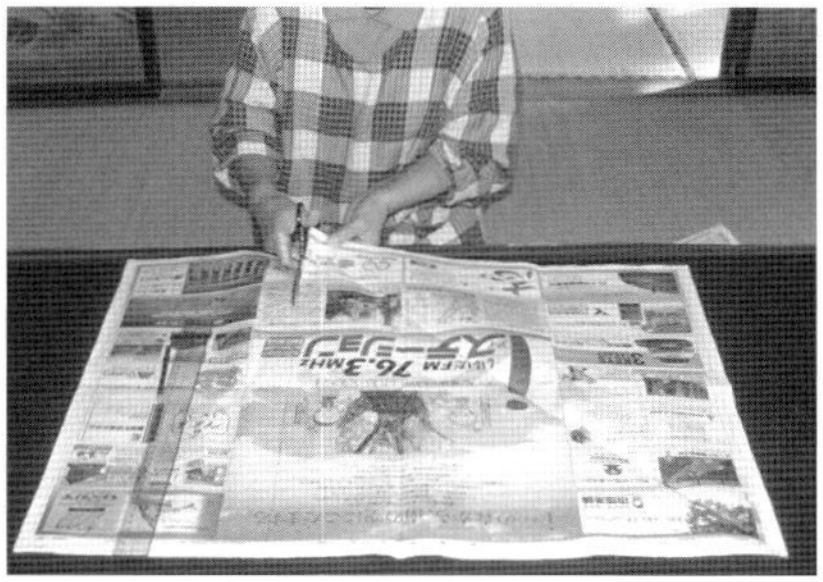

①新聞紙1日分8～9枚を重ねて正方形に切る（端から三角を折ると、正方形がすぐとれる）。

②端から17ｃｍの所に17ｃｍの深さの切り込みを入れる。それを4隅に作る。

③17ｃｍの深さに一度折り、さらにそれを半分に折る。

④4隅をすべて折り、重ねていくと箱の形になる。

⑤洗濯挟みなどで止めていくと作りやすい。セロテープなどでとめてもよい。

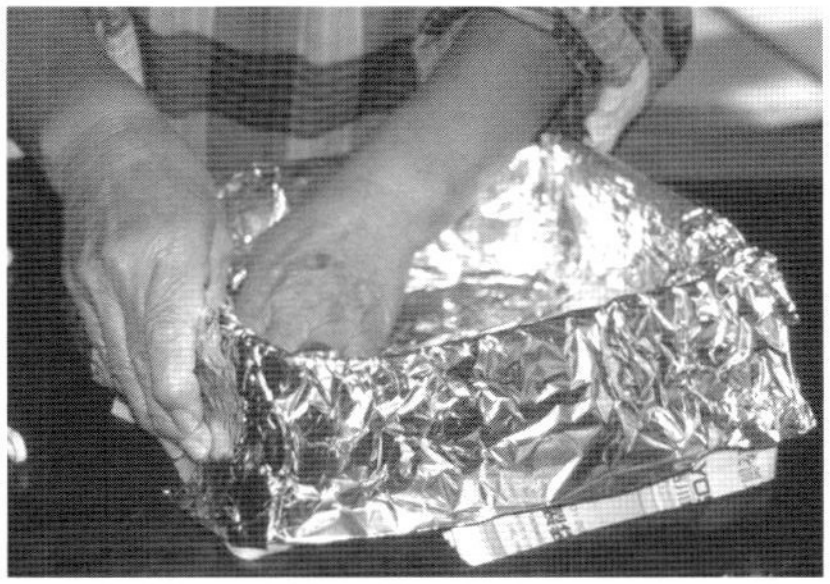

⑥アルミホイルをかぶせる。底の部分にはアルミホイルを貼らないようにする（焼けにくくなる）。一度作っておくと、アルミホイルだけ替えれば何回でも使える。

漬物樽

さんの担当です。給食を調理していた頃の経験を生かして、「酢豚」や「鶏のサワークリーム&ケチャップ煮」「ソーセージのクリーム煮」などの洋食や中華もどんどん作れるので、お孫さんにも好評です。

信江「私はでたらめが好きなのよ。長年のクセが抜けなくて、ついたくさん作っちゃうんだよね」

朝食と夕食の片付けはお嫁さんの担当。

信江「嫁姑がうまく一緒に暮らしていくコツは、家事分担をはっきり分けること。お互いのやり方を認め合うこと。そして、どんなに仲がよくても、言いたいことを全部言ってしまってはいけない。親しき仲にも礼儀あり、だね」

マサ「何でも、腹にためとかないで言ってしまうと、言った人は気持ちがいいかもしれないけど、聞いた人はたまらないよね」

信江「それに、嫁の悪口を外へ出て言っちゃ絶対だめ。めぐりめぐって本人の耳に入るものだよ。そして、人間関係が悪くなる。私の母は、何かいやなことがあったら、穴を掘ってそこに三回言え、と言ったもんだよ」

二人のお話を聞いていると、嫁姑だけでなく、すべての人間関係に言えることだと思いました。そして、そういうルールを守って付き合っているからこそ、二人は長く家族ぐるみで仲良しでいるのだと思いました。人の批判はついつい言ってしまうものです。ドキッとして反省させられました。

お茶飲みをしている途中で、孫の陽平さん（中学三年生）が通りがかって「こんにちは」と挨拶しました。信江さんが「ちゃんと座って」と言うと、手をついてきちんと挨拶してくれました。

こんなしつけもおばあちゃんと同居しているからこそできるのだと思います。

●野沢菜の保存煮（黄色い器）

春先の野沢菜の酸っぱくなったものを一度お湯でよく洗い、絞って切る。干ししいたけ、切り干し大根、にんじんを細切りにしておく。野沢菜漬け2キロくらいを煮る分量は、鍋の中に酢3カップ、酒2カップ、醤油1カップ、砂糖500ｇを煮立てて、その中に切った材料を入れて煮る。

●納豆味噌（「甘味噌」「お納豆」とも言う。写真手前右）

米5合分の水加減で米4合を柔らかめに炊いて、中釜を取り出し少し冷ましてからこうじ5合、お湯1カップを入れてかき回して、電気釜の中で保温しておく。途中2回かき回し、おもちにつけて食べる。半日ほどおくと甘くなる。甘納豆900ｇまたはささげ豆の甘煮を入れてできあがり。冷蔵庫に入れて、冷たくして食べる。甘酒のようだが、甘酒より濃くクリーム状。

●野沢菜のジャコ入り煮（手前左）

野沢菜のしょっぱく漬かりすぎたものを使う。切って、茹でこぼして1晩水につけて塩出ししてから、酒、みりん、醤油、砂糖、しらすを入れて煮る。

（上記3品は3月「穂の香の湯」で）

【信江さんとマサさんのお茶うけ】

●オレンジゼリー

水60mℓに粉ゼラチン20ｇをふやかしておく。100％オレンジジュース500mℓと砂糖90ｇを温め（沸かさなくてよい。お風呂程度）、ふやかしておいたゼラチンを加えて溶かす。火を止め牛乳200mℓ、生クリーム200mℓを加えて泡立て器でよく攪拌する。器に入れ、冷めるまで20～30分置き、冷蔵庫に入れて固める。自然に２段に分かれたゼリーになるのが不思議で楽しい。

●カステラ

新聞紙で型を作っておく（51ページ参照）。卵Lなら８個、Mなら９個と砂糖３カップをハンドミキサーで15分泡立てる（６分立てくらい。スポンジケーキのようにしっかりは泡立てない）。蜂蜜大さじ３と牛乳大さじ３を小鍋で混ぜ、火にかけて軽く温めたもの、強力粉２カップ（振るわなくてよい）を加え、ハンドミキサー弱でかき混ぜる。型に流し入れ、180度のオーブンで１時間20分焼く（オーブンにより差がある。竹串などで刺してみてどろりとした生地がつかなくなるまで焼く）。

焼きあがったら、ラップを敷いたまな板の上に逆さまに出して型を取り、ラップでおおって乾燥を防ぐ。半日くらい置き、切りやすくなったら包丁で切る。

●豆腐だんご

豆腐300ｇと白玉粉250ｇを手でよく練り混ぜる（水は入れないで豆腐の水分だけで白玉粉をこねる）。耳たぶくらいの柔らかさにして、棒状にしてから切り（こうすると全部同じ大きさにそろう）、丸めて沸騰湯でゆでる。黒ごまに砂糖を混ぜたものやきな粉などをからめる。

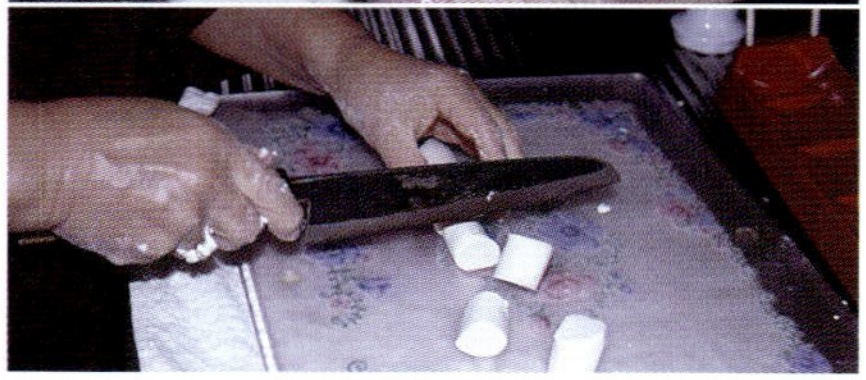

●かきもち

もち米1.5キロを一昼夜水に浸けておき、餅つき器でつき、いったんこね鉢に出して卵2.5個、砂糖250ｇ、塩少々、重曹大さじ１を少しずつ入れて手でこね混ぜる（熱いががまん）。餅つき器に戻して少々ついたら、家の雨を受ける「とよ」に入れておく。プラスチックのとよをホームセンターで買ってきて使いやすい長さに切り、そこにラップなどを敷いて、餅つき器でつきあがった柔らかい餅を入れる。

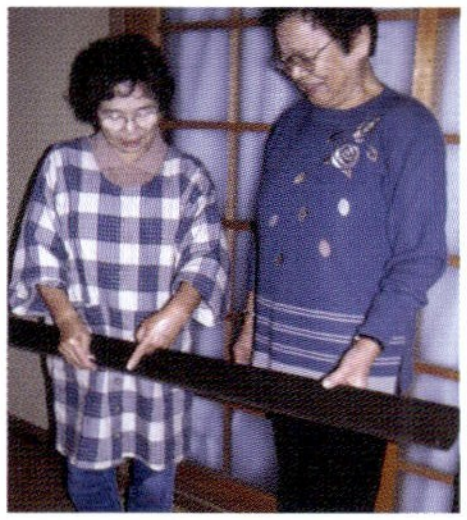

ほどよく冷えて固まったら包丁で薄切りにして陰干しする（空気のよい所が一番いい）。よく乾かし保存する。170度の油で揚げる。青のりをかけると風味がよい。

【武石村　滝沢けい子おばあちゃん（73歳）のお茶うけ】

友人の紹介で、武石村にとても料理や漬物が上手なおばあちゃんがいると聞き、出かけました。滝沢けい子さんは今年武石村の11団体が集まった「武石コミュニケーション21」の会長さんになり、たいへん多忙な毎日を送っているので、お茶飲みの取材はできませんでした。しかし、短い時間でしたが、最初にお願いに伺った時のお茶うけがあまりにもおいしかったので、ここで紹介させていただきます。

●手作りぶどう酒

おばちゃんの家では、ナイアガラのぶどうがたくさん採れます。秋に熟れて食べきれない時、ぶどうを洗わないで、つぶをバラバラにして４キロに対して1キロの砂糖を混ぜてかめに入れて蓋（密封はせず、発酵する時に出るガスが抜ける程度）をして、１日１回、菜箸でかき混ぜる。20日～１カ月経ったら、絞って酒と粕に分ける。おばあちゃんは、この自然の酵母から出来る風味豊かな手作りぶどう酒を漬物や煮物など、料理の隠し味に使っている。和風味の煮物でも、少し入れるととてもまろやかな味になる。

●たくあん漬け

大根を20日くらい干して漬け物桶に並べ、大根の５～６％の塩、70本に対して３升の米粕と2/3キロの砂糖、たくあん漬けの素を混ぜておいたもの、ぶどう酒少々を振りかける。何段かに分けて入れ、柿（渋柿でよい）を８つ割りにしたもの、なすの葉をもんで陰干しにしたもの（ちょうどお茶の葉の

ようになる。これを入れるとなすの風味がついておいしい）も入れる。

ふたの代わりに野沢菜５～６株を上に乗せ、その上から重石をすると水上がりもよく、ほどよく漬かる。

●白大根漬け

生の大根10キロに600ｇ（６％）の塩をまぶして、重石をして漬ける。

まる２日して水があがってきたら、ザルにあげて水気をきり、漬物桶に並べる。砂糖１キロ（10％）、みりん２カップ、酢３カップ半、はちみつ半カップ、大根から出た水分を混ぜてよく溶かしておき、しょうがの大１個（120ｇくらい）を千切りしたものを加えて、大根の桶の中に入れる。

●黄色大根漬け

生の大根６キロに300ｇの塩（大根の重量の５％）をまぶして重石をして漬ける。２～３日して水があがってきたら、ザルにあげて水気をきり、砂糖１キロ（16～17％）、酢１カップ、みりん少々、ぶどう酒少々、たくあん漬けの素少々を入れて５～６日おいて出来あがり。

●熟し柿

渋柿を箱の中に入れ、新聞紙をかけて、あまり凍みない所に置いておく。やわらかくとろりとして甘くなり、３月いっぱいまで食べられる。

私はいただいた熟し柿を、気候が違う東京では保存できないと思ったので、１個ずつラップに包んで冷凍しました。シャーベットのようでおいしくいただけました。

●野沢菜漬け

野沢菜はお湯で洗って冷たい水にとって漬けると色よく漬かる。桶の中に大きなビニール袋を入れ、まず底に酢、焼酎、黒砂糖、醤油を少々入れ（減塩で漬けるために加える）、野沢菜のカブツの部分に十字に切り込みを入れて、葉を中に巻くようにぐるりと丸めて漬けると出す時にからまないで便利。野沢菜の３～４％の塩を桶の上にいくほど多めに振る（塩は下へ沈むため）。野沢菜の1.5倍の重さの重石をして、５日くらいかけて水をあげ、水が上がったら重石を半分にする。カキ、赤唐辛子、昆布も一緒に入れる。

道の駅と被災地の畑で作る楽しみ、売る楽しみ

小谷村　山田チサトさん（69歳）

左から小林豊子さん、斉藤こずるさん、小林松子さん、山田チサトさん、斉藤栄子さん

特産まいたけのお菓子

北安曇郡小谷村は、新潟県に接する有名な豪雪地です。とても料理上手なおばあちゃんがいると聞き、山田チサトさん（六九歳）を訪ねました。

一昨年の秋に「深山の湯」という日帰り温泉と共に、隣接する道の駅ができました。そこで「小谷の特徴のある販売品を作ってほしい」と、チサトおばあちゃんに白羽の矢が。特産品の「まいたけ」を使って試行錯誤を重ね、「まいたけクッキー」「まいたけかりんとう」を作りました。噛み締めると、まいたけのよい香りが口いっぱいに広がります。

家の近くにお店がなく、昔からおやつはほとんど手作りしてきたので、お菓子作りは大得意のチサ

●かきもち

すぐ近くの中土温泉のお湯は炭酸泉なので、温泉のお湯で餅を作り(あとで塩をかけるのが面倒くさいから、かきもちにする餅には塩を入れて作る)、切って干しておく。缶などに入れて保存しておき、食べたい時に油で揚げる。炭酸が入っているのでよく膨らむ。

「孫の好物なんだけど、どうしてこんなに膨らむの？って聞かれるよ」

●白菜漬け

市販の「あっさり漬けの素」を入れ、もんでおくだけ。潮吹昆布でもんだ白菜漬けも簡単でおいしい。

【畑のお茶うけ】

●かぼちゃの煮物

かぼちゃは切ってかぶるくらいの水を入れ30分くらいそのまま水に浸けておくと面取りしなくても煮くずれしない。火にかける時、水を半分捨て半分くらい煮えたら酒少々を入れ、砂糖、醤油の順で時間差をつけて味をつける。

「この畑にね、隣の畑からかぼちゃのつるが伸びてきてるだよ。この畑の中でなったかぼちゃはもらっていいことになってるの。楽しみだねえ」

●赤梅酢ゼリー

梅漬けで出た赤い梅酢は色鮮やかできれい。砂糖を入れて、アガー（左ページ参照）で固める。

●よもぎ食パン

チサトおばあちゃんはいつも、パン作り器でパンを作っている。今日はよ

もぎ粉を入れてよもぎパンにしてみた。一次発酵が終わった合図でよもぎ粉（市販品）を加えるだけ。

●なすと皮なし瓜の漬物

皮がたいへん柔らかいので「皮なし瓜」と呼ばれる。市販のなす漬物の素に漬けるだけ。瓜も一緒に漬けると、色も悪くならずおいしい。

「漬けてから切ってきれいに並べてあるなすは、食べる時崩してしまうのが気になって遠慮しちゃうことあるけど、これは初めからゴロゴロに切ってあるから、つまみやすいだよ」

●みょうがと瓜の赤梅酢漬け（左）

梅干しを作る時に出た赤梅酢でみょうがと瓜を漬ける。

【山田チサトおばあちゃんのお茶うけ】

●ちゃんめろ味噌

ちゃんめろとは小谷の言葉で、ふきのとうのこと。ちゃんめろを刻んで水につけ、一晩アクを抜く。鍋に油少々を入れて、その上に味噌、酒、砂糖を入れ、ちゃんめろを乗せ、それから火にかけて炒め煮にする。

●大根とにんじんの醤油漬け

砂糖カップ８分目､醤油カップ半分、酢カップ1/4を鍋でぐらぐら沸かし、切っておいた大根１キロ500ｇとにんじん２本にかける。はじめは全部汁に浸かっていなくても、野菜から水気が出てくるから時々返す。全然しょっぱくなく、塩分は0.6％くらい。

●うぐいす餅

上新粉をお湯で溶いて、こね、丸めて15分くらい蒸かし、ボールにとってすりこぎでつぶし、よもぎを重曹で茹でて、冷凍保存したものを加えてよくこねる。あんこを中に入れて丸め、きなこをまわりにまぶす。よもぎのことを「もち草」というくらいだから、よもぎを入れると粘りが出て、餅のような食感になる。

３月15日のおしゃかさまの日、小谷では白い上新粉餅にあんこ入れた餅を食べる習慣がある。それを焼いて食べると香ばしくておいしい。

●ちゃんめろ味噌蒸しぎょうざ

ぎょうざの皮にえびを乗せ、その上にちゃんめろ味噌を乗せて、おまんじゅうの皮を包むように上でつまむように包み、５～６分蒸す。お酒のつまみにもよい。

●夕張メロンゼリー

にんじん200～300ｇ、水２カップをミキサーにかける。パイナップル缶詰（総量400ｇ入りくらいのもの、汁は残す）も加え、どろどろにする。缶詰の汁に水を加えて１カップにして鍋に入れ、ミキサーの中身も加えて火にかけて、沸騰したらアガー（注）40ｇ、砂糖１カップを混ぜたものを入れて溶かす。「夕張りメロンだってせうと、その味するでしょ」

（注）アガー……粉寒天のようなもので、原料が海草のゼリーの素。食感が寒天より柔らかい（物質名カラギーナン）。　問い合わせ先　伊那食品工業
☎0120-321621

●ちゃんめろ味噌こんにゃく

こんにゃくを三角形に切り、ポケット状に中に切りこみを入れる。１度茹でこぼし、砂糖、塩、出し汁少々の中で少し煮る。煮えたこんにゃくにちゃんめろ味噌をはさむ。

トおばあちゃん。でも、おいしいまいたけのお菓子を完成させるには、四カ月もかかってしまったそうです。

製品として販売するものを作るには、専用のキッチンを作り、保健所の許可を得なくてはなりません。おばあちゃんは考えました。年金を使わずに大事にしていた貯金を資金に自宅を改造し、「山の幸工房」という八畳ほどのキッチンを作ったのです。

こうして、おばあちゃんの六七歳秋からの「ビジネス」が始まりました。近くのおばあちゃん二人が交代でアルバイトに来てくれ、毎日、朝二時間ほど作業した後、お茶を飲みます。

このお茶の時間がまた、楽しいのです。チサトおばあちゃんは、そんな話をしながら、「ふ、ふ、ふ」と実に楽しそうに、夢いっぱいの少女のようにかわいらしく笑いました。

「おやき」も作っていますが、春の連休中には五〇〇〇個、八月初めには九日間で六六〇〇個も売れ、おばあちゃんのビジネスは好調です。

仲間と畑作り

今から七年前、小谷村では集中豪雨による大災害がありました。道や電車の線路、多くの家や田畑が流され、一週間もの間、交通がマヒしました。一人の死亡者も出なかったことが奇跡と言われたほどでした（後に復旧工事の時、多くの死者が出てしまいました）。

「ここは戦争の時、爆撃を受けなかったから、生きてる中であんな時が一番おっかなかったよ。電気が切れ、ニュースも聞けないから、いったいどうなってるのかわかんなかったよ。田んぼもみんな土砂でつぶれて、足が震えて震えて。寝てても震えが止まんなかったさー」

皆が口々に、その時の経験を話してくださいました。

それ以来、田んぼとして使えない（水が抜けてしまう）所になってしまったので、所有者が使わない土地を畑として仲間七人で借りて、じゃが芋や大根、野沢菜などを栽培しています。新鮮でおいしいので、道の駅に売りに出すと、すぐに売り切れてしまうほどの人気です。二時間ほど畑の作業をした後は、ゆっくりお茶の時間です。

チサト「ふだんはなかなか、仲間でゆっくり話をするってことがないだよ。だから、みんなで畑をするといいねえ。田んぼより儲かるから、今年は売上で日帰り旅行にも行ったよ。楽しかったなあ」

人生を楽しむことが上手な、チサトおばあちゃんと仲間たち。私も見習って、毎日を楽しんでニコニコと福のある顔になりたいと思いました。

道の駅「小谷」
☎〇二六一－七一－六〇〇〇

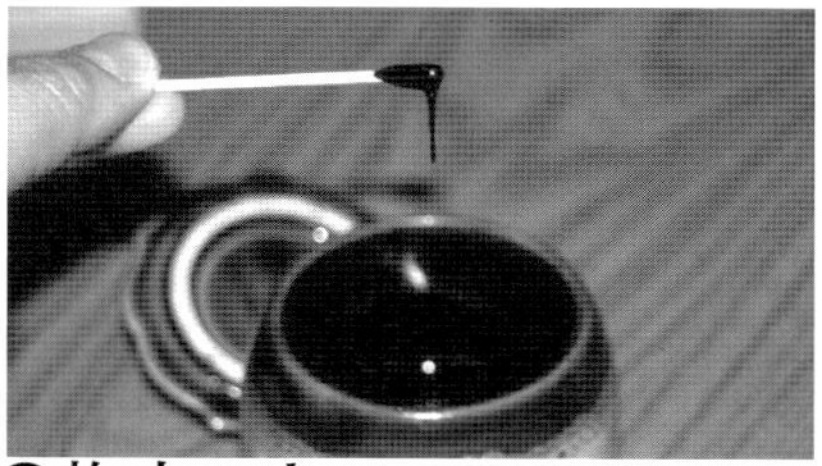

●梅肉エキス

青梅をおろし金ですって、ガーゼで絞った水をホーロー鍋や土鍋など、金物ではない鍋で弱火で煮つめる。ほんの少ししかできないので、作る時は梅１升～２升くらいを作る。１日１回、つまようじですくったくらいの量をなめる。お腹をこわした時にはとてもよく効く。風邪にもよい。

【山田チサトおばあちゃんのおやき】

山の幸工房で作るおやきは、卵や牛乳も入っておいしくて栄養満点。作り方は企業秘密ですが、お聞きできる範囲でレシピを教えてもらいました。

【皮の材料】（20個分）
薄力粉　1キロ
重曹　小さじ１
酢　小さじ１（重曹が苦いから、苦味を消すために酢を少し入れるとよい。ベーキングパウダーを使ってもよい。その時は酢を入れなくてよい）。
砂糖　１カップ弱
塩　少々
卵　２個
牛乳　２カップ
水　様子を見て加える
サラダ油　大さじ１

【作り方】
①皮の材料をこねて、２～３時間おき、伸びをよくする。皮は柔らかい方がおいしい。押してみて、赤ちゃんのほっぺのようにふわふわにする。

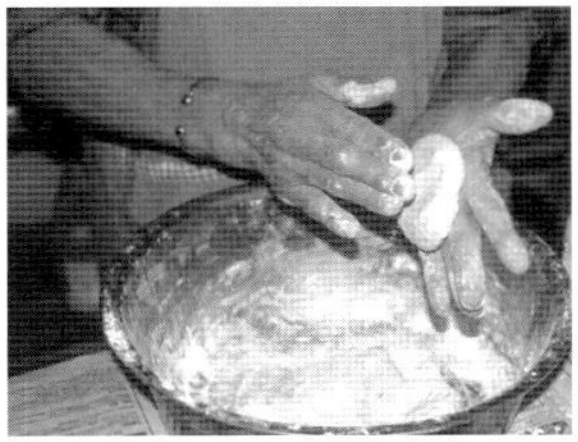

②中身は何でも好きなものでよい。山の幸工房では包みやすいように、１個１個、重さを量って丸める。１個40ｇと決めてある。

③皮の生地は１個70ｇ。これも１つずつ計っておく。手にとって丸め、直径８ｃｍほどに延ばす。

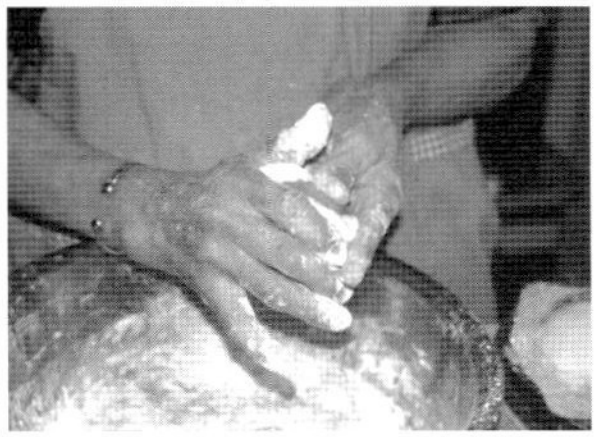

④中身を入れ、口を閉じる。具を指で押さえておいて、反対の手で生地を押し上げるような感じで上に寄せてくる。

手でつまんで口を閉じる（１個20秒で包む素早さ）。

⑤テフロン加工のフライパンに油をしかずに入れ、片面をきつね色に焼いたら裏返して、蓋をして11分弱火でじっくり焼く。

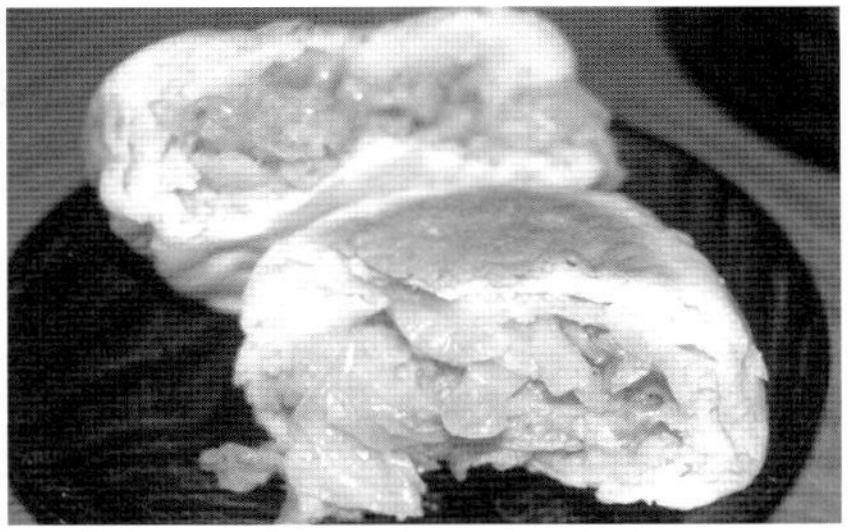

⑥さらに蒸器で７分蒸して完成。熱いうちに１個ずつラップでくるむ。

おいしいおやきが完成。写真は辛みそキャベツ。キャベツ600ｇを1.5ｃｍ角くらいに切って蒸して水気を絞り、辛味噌（右写真。夏に「こしょう」と呼ばれる辛いピーマンを味噌に入れて作っておいたもの）大さじ１、すり胡麻大さじ２、塩少々を混ぜて味つけしたもの。辛味噌の中にこしょうを入れておくと、辛味とうま味が味噌に移る。

キャベツは、秋に収穫したものを根ごと畑から引きぬき、根の部分をビニール袋でおおって、軒下においておくと、雪で埋まってちょうどよい保存庫になる。こうすると春までキャベツがパリパリでみずみずしく、甘味も強くなりおいしい。

ひ孫と猫とブルーベリー　愛すれば愛される

穂高町　矢ノ口長美《おさみ》さん（84歳）

りんご（陽光）の花

猫とおばあちゃん

五月の連休のことです。穂高町を車で走っている時、りんご畑でおばあちゃんが作業をしている傍らを、真っ白な猫がついて歩いている美しい光景に出合いました。

連れがいたので一度は通り過ぎましたが、どうしても写真を撮らせていただきたくて、引き返しました。それが長美おばあちゃんと、白猫クリちゃんとの出会いです。

クリちゃんは、家族の誰にもなつかず、おばあちゃんだけをご主人さまだと思っている不思議な猫。おばあちゃんと一緒に寝て、おばあちゃんの行く所を一日中、ついて歩いています。

「私はね、そこらに出てえらい（それほど）お茶飲みはしないけど、お茶飲みが見たいんなら、明日、

【矢ノ口長美おばあちゃんのお茶うけ】

●うこぎのおひたし

うこぎの春の新芽を摘み、茹でてかつお節、醤油少々をかけて食べる。庭にうこぎの木がたくさんあった（下写真）。

●氷餅

凍みる季節に普通に蒸かして、つく時に手水を多めにして柔らかい餅にする。炊いた餅米をついて餅にして切り、和紙や新聞紙などで軽く巻いて紐でつ

るす。2～3日、ピンピンに凍みる日に作ると、餅がパイのように盛り上がって凍る。その後、凍った部分が溶け、乾燥して氷餅になる。乾燥剤と共に缶などに入れて保存する。食べる時は手でほぐして砂糖と塩少々を入れた水で戻し、のりを乗せる。さっと水で戻して油で揚げて砂糖醤油で食べたり、そのまま食べたりもする。

●うどの酢味噌あえ

うどは薄切りにして、水につけてアクを抜く。酢、砂糖、味噌を混ぜて酢味噌を作り、水気をよくきったうどを入れてあえる。

●かぶの浅漬け

かぶは薄切り、軸部分は３～４ｃｍに切り、塩をふってしばらくおき、絞る。かつお節、醤油少々をかける。

●小梅漬け

青梅３升を一晩水につけてアク抜きをして、多めの塩でもんで半日くらいすると黄色くなる。梅割りで傷をつける（剣山でやってもよい）。１日水を替えて酢抜きをする。酢１合くらい、砂糖１キロ、塩少々（甘味を引き立てる程度）、焼酎を入れて甘くする。

ここの田んぼで田打ちして、皆で縁側でお茶飲みするで、おいで」と誘ってもらいました。

長美さんは息子さん夫婦と一緒に住んでいます。すぐ隣に孫夫婦とひ孫が住んでいて、夕食はいつも一緒に食べるので賑やか。春の信州の味覚がいっぱいでした。

直売所でひっぱりだこのブルーベリー

おばあちゃんのお宅は北アルプスの景色がすばらしく、さまざまな四季の恵みがある羨ましいお宅です。

春の山の味覚うこぎ、タラの芽の木がたくさんあり、柿やりんご、なしはもちろん、あけび、ブラックベリー、すぐり、キウイフルーツ、ブルーベリー、裏の畑にはかぼちゃ、きゅうり、なす、すいか、みょうが、もろこし、などなどの野菜。そして稲。

特にブルーベリーは立派な畑に五〇本以上の木があります。このブルーベリー園はおばあちゃんの担当です。春からの草取りも骨がおれますが、夏になると朝早くから、暑くなる前にブルーベリーを摘んでしまわなければなりません。

穂高町では、週末に直売所が開かれますが、おばあちゃんのブルーベリーを楽しみにしている人がたくさんいます。また、ブルーベリー狩りを楽しみにしている知人もいて、おばあちゃんのブルーベリーはひっぱりだこ。おばあちゃんの几帳面な性格を表すような、草がないきれいな畑です。おばあちゃんは、摘んできたブルーベリーをよく観察して、小さなごみがついていても、つまようじを使って取り除きます。

進歩的なおじいちゃんの遺産

息子の茂雄さん「死んだおじいちゃんが居ればねえ、ねえちゃんにたんと話しをしたと思うよ。人なつこくて、話し好きなおじいちゃんだったから」

おじいちゃんは、食糧事務所を退職後、農協の幹事を務めたということもあり、いろいろ新しいものを作るのが大好きだったそうです。

お嫁さんの悦子さん「人のやることは何でも、やりたいことは何でもやったおじいちゃんだったに」

茂雄さん「二枚の田んぼをつぶして、いきなり全部りんごにしたんだ。その前に夢中になったのは、スイカ、メロン……。マスクメロンはたった一個しかならなくて、それも食べる前にだめになったし、十二月のクリスマスに出すいちごも作ったね」

悦子さん「乙女りんごもやったねえ。もぐのに手がかかってね。皮をむいてワイン煮にしたりね、さんざいろいろやったよ。おじいちゃんはいいだよね。車で農協に持っていっただけ。あたしたちゃ、えらかったさー。あはは」

茂雄さん「キウイフルーツもね、二〇年以上前、まだだーれも作っていない頃、オーストラリアに友達がいて、そこから苗を送ってもらって、作り始めたんだけどね」

おばあちゃん「おじいちゃんのいる頃はダメで、亡くなってからキウイフルーツが実をつけるようになったの」

なるほど、このお宅に何でもあるのは、おじいちゃんのおかげなんですね。

この愉快なおじいちゃんは、戦争に行って、シベリアに抑留されて、たいへんな苦労をしたそうです。捕虜となって、パン一個で一日中、道路工事などの労働をさせられました。零下四〇度、冬にはまったく日が当たらない所で空腹のまま重労働をするのに耐えられなくて、みんなじゃが芋を生でかじってしまうのだそうです。そして、下痢をして死んでしまうのでした。

戦争に行った翌年に終戦を迎えましたが、三年というもの、まったくさたがなかったのです。

おばあちゃん「みんなに死んだ、死んだって言われても、私はきっと生きてると信じてたの。だから、帰ってきた時はほんとに嬉しかったよ」

亡くなった後でも、みんながおじいちゃんのことを大切に思っていることがわかります。

矢ノ口家では、八人乗りの大きな車を買い、七人家族みんなでよく出かけるのだそうです。ちょっとした食事から県外への旅行まで、いつも一緒です。

おばあちゃん「私もう家にいる、と言っても、家に置いてく方が心配だって、どこにでも連れてってくれるの。去年は富山へ行ったね。かあさんがおにぎり作っていってくれて、公園で食べてね。暗くなるまで遊んだのは、楽しかったねー。ひ孫がね、おばば、おばば、と慕ってくれるしね」

大家族の中で大切にされ、幸せなおばあちゃん。こたつの下のおばあちゃんの足元で、クリちゃんがニャーと鳴きました。

人を大切に、出会いを大切に 苦難の末の楽天人生

松本市　大槻まちよさん（68歳）

左は娘の祐子さん

いろいろなお茶の友がパックに整理され冷凍庫にぎっしり詰まっている。

趣味の畑作り

まちよおばあちゃんの家は、いつも近所の人、おじいちゃんの知り合い、そして娘の祐子さんの知り合いなどがお茶を飲みに来る、お客さんの絶えない開放的な家です。

「さーて、さて、今日は何でお茶入れようかねー」

たくさん準備してあるお茶うけの中から、時刻、気温、相手の好みなどを考え、お茶の準備を始めます。

まちよさんは、自宅横で夫と精密機械製造の小さな会社を経営していましたが、一〇年前、娘さん夫婦に経営をまかせ、自分は時々手伝いをする程度になりました。そして、ゆとりが出てきた五年前から、畑作りを始めました。

【大槻まちよおばあちゃんのお茶うけ①】

●プチトマトの砂糖煮

プチトマトのヘタの部分を包丁で切り、鍋にお湯を沸かして入れる。数秒おいてザルにあげ、冷水につけると皮がつるつるとむける。そこへ砂糖と塩少々を入れてまぶし、しばらく置くと水が出てくるので、軽く煮る。水は入れない。

●プチトマトのシャーベット

トマトの砂糖煮を冷凍パックに入れて凍らせるだけ。

夏にトマトがたくさんできすぎて困ったら、生で冷凍しておくとよい。水に入れると皮の部分が溶けて取れる 。

●セロリの粕もみ

さっと茹でて市販の酒粕（板かすではなく柔らかくしたもの。25ページ写真参照）、砂糖、塩でもむ（あえる）。

このあたりは少し前まで一面セロリ畑だった。セロリは横芽がいっぱい広がって育つが、株をよくするためにそれを摘み取って農家の人がたくさん捨てる。「もったいないから、昔からセロリの横芽をよく食べたもんだよ」

●栗の渋皮煮

とれたての栗（買ってきたものでは渋皮がうまくむけない）の皮をむき、重曹を入れたお湯で数分茹で、水に入れ、余分な筋状の渋皮をきれいに洗い落とす。３回以上、何回も何回も茹でこぼし十分渋味を取る。ひたひたの水と砂糖を入れて煮る。

●イナゴ煮

イナゴ（昆虫のバッタの一種）は稲を刈った後の田で手づかみで採り、日本手ぬぐいを縫って作った袋に入れて持ち帰る。そのまま一晩おくとフンが出る。翌日鍋に入れて蓋をして火にかけるとパンパンはねるので、はねる音がおさまったら、みりん、砂糖、醤油で煮る。イナゴの羽と太い足のトゲトゲした先の部分を取ってから煮ると食べやすい。

●すがれ煮

作り方は115ページ参照。

夫の瀬平さんは上伊那郡箕輪町出身。上伊那は長野県でも特にすがれ追い（蜂の子捕り）が盛ん。

「夢中んなって、仕事にならんくらい。今年は蓼科で大当たりしたんで、もう遠くへは行かないけど」

「松本市並柳は、私が岡谷からお嫁に来た昭和二八年頃は八〇軒ほどしか家がなくて、畑と牛舎が多かったの」

広い道が通り、マンションや住宅、大型店が建ち並ぶ今の様子からはとても想像できません。

「今残っている畑は、作ってる人が高齢化して、作りきれなくなってきててね。ほら、この隣の土地みたいにね、作らないとすぐ草ぼうぼうに荒れちゃうで、せつないでしょ。ここも、もう作るのやめる、と持ち主が言うから、私が借りたの」

退職後の趣味の畑作りとはいえ、大きなビニールハウスが二棟並んでいます。トマト、プチトマト、つるむらさき、モロヘイヤ、そしてビニールハウスの外できゅうり、とうもろこし、すいか、オクラなどが栽培されており、特に夏にはトマトがどっさり収穫できます。

「トマトはね、年にいっぺんずつ従業員の人にあげるの。うちの会社の仕事は楽じゃないの。もっと楽な仕事のとこだってたくさんあるに、一回お産で辞めた人がまた来てくれたり、姑さんが働いていて、辞めた後、お嫁さんをよこしてくれたりしてね、ありがたいの。だから、トマトたくさん作っても売る気はないのよ。あげたいから作ってるの」

まちよおばあちゃんのトマトのおやつは、この畑でできた採れて完熟トマトを使って作るので、味も香りもとびっきりなわけなんです。

女性起業家の道のり

まちよさんが結婚した時、夫の瀬平さんは酪農家から乳を買い、乳製品を製造・販売する会社に所属し、牛たちの種つけやお産など、農家が牛を飼う技術的な指導をする仕事をしていました。古い農家に夫婦で間借りしての新婚生活でした。

ところが、数年後、その会社が倒産し、瀬平さんは職を失うことになってしまったのです。朝四時起きで、他の会社で乳の集配のアルバイトをして、一家を支えました。しかし、小学生の子供を抱え、これからまだ教育にお金がかかるので、まちよさんは精密工場をやっていた実家の兄さんに勧められ、小さな精密機械の工場を始めました。兄さんに仕事の仕方を教わり、仕事を回してもらいながら、無我夢中の起業でした。

「ここにお嫁に来た時に、自分

はよそから来た人だということで、とにかく農家の皆さんに、いつも頭を下げていたの。だから、よそ者なのに、みんなにかわいがってもらっていたの。普通、のどかな農村に工場を建てるなんて、反対されるでしょ。私はうんと、まわりの人に恵まれたの」

近所の奥さんを二人雇って、仕事を始めました。その頃、まだ時給七〇円という時代でした。

「いっぺん、お金がどうしても必要になって、高利貸しのとこに行ったことがあるの。手形を期日より早く高利貸しが引き取ってくれるんだけど、そん時、手数料を一万五〇〇〇円も取られてね。帰って来て、家に一歩入ったとたんに、ほろほろと涙が出た。こんなことをしていては会社が生き残れないと思い知ったの」

それ以降、困った時は高利貸しに頼らず、なんとかきょうだいで助け合って、いろいろな場面を切り抜けてきました。

「実家の兄に言われたの。女性を一〇人使えたら、たいしたものだ。苦労をしておけば、少々のことにはくじけなくなる。ここを切り抜けたら、そんなに悪いことはない、と。そう思ってやってきたの」

「一〇のうち六ついやだったらいられないけど、四つや五つだったらがまんしよう。そういうふうに考えたの。私は早くに母を亡くしたから、母親という自分の存在を捨てたくない、子を捨てたくない。そう思ってがまんしてきたこともあったよ」

そして、まちよさんが工場を開いて二年足らずで、夫の瀬平さんより収入が多くなるほど順調になったので、瀬平さんも早朝からのアルバイトをやめ、工場で共に働くようになりました。

「お父さんは一八〇度職業が変わったけれど、わき目もふらずまっしぐらに努力する人だったの。私一人で始めた工場だけど、お父さんと二人でなかったら続いていなかったと思うよ」

それから三〇年近くたちました。今では工場も大きく建て直し、娘夫婦が後を継いだので、瀬平さんは引退後、交通安全協会や日中友好のボランティア活動に多忙な毎日を送っています。

「今日こそは、愚痴をいうまい語るまい。唯ありがたくすごす喜び」

まちよさんの家の台所と居間の間に、お寺で入手したこの言葉が張ってあります。

「くよくよすることもあるけど、どこかで捨て去って忘れる。ゴチャゴチャ細かいことは考えない。もうひと押し追求したくなることもあるけど、それをしない。夫婦の場合、奥さんが夫の聞き役になってあげた方がいいと思う」

「人生楽しく生きるコツは、楽天家でいること。あしたはあしたの風が吹く。私はね、娘の頃から何でもしてみよう、何でも食べてみよう、何でも着てみよう、と思って生きてきたの。好奇心が強いんだね」

「人生は出会いの繰り返しだと思う。出会いを大切に、人を大切にして、人生を送りたいといつも思っているの」

そんなまちよさんとの出会いをきっかけに、私は今回のたくさんのおばあちゃんとの素晴らしい出会いができたのです。

【大槻まちよおばあちゃんのお茶うけ②】

●きゅうりのつくだ煮

きゅうり４キロを５ｃｍくらいの長さに切る。みりん、醤油各１カップ、ザラメ糖800ｇのうち半分を鍋に入れ、きゅうりを加えて水気がなくなるまで煮つめる。ザラメ糖は何回かに分けて入れる。大槻さんはカロリーを控えるためにザラメ糖の一部を人工甘味料キャンデーの「マービー」（商品名）に替えている。

●夏みょうがと本瓜の味噌漬け

みょうがは夏の終わり頃からできるものだが、夏の早い時期にできる種類を「夏みょうが」と呼ぶ。

ビニール袋に味噌と好きな野菜を入れ、冷蔵庫に保存しておくだけ。味噌の種類により、みりんまたは砂糖を少々足す。

●塩いかときゅうりの梅酢あえ

まず、「梅酢」を作る。梅１～２キロに米酢１升、氷砂糖500ｇを入れ、３カ月くらいおいておくとできる。梅はしわしわと縮んでいるので捨てる。この梅酢に塩などを加え、いろいろなものの味付けに使うと、夏場は特にさっぱりしておいしい。

塩いかは一時間、水につけてよく塩出しして薄く切る。きゅうりは斜め切りにして､塩少々で下味をつけておく。切ったいかときゅうりを梅酢であえる。

●塩いか

塩いかは長野県で昔からよく食べられている食材で、強い塩分で保存性を高めたもの。そのままでは食べられない。水につけて塩出しし、キャベツの塩もみに入れたり、きゅうりなどの野菜の酢の物にしたりして食べる。

●梅の焼酎漬け

①青梅は採ったらなるべくすぐに１～２時間水につけてアク抜きをする。
②ザルに上げ、塩をたっぷりまぶして一晩時々返しながら漬ける（黄色くなる）。
③半分に切り、種を抜いて流水で塩分を抜く。
④保存する瓶に梅を詰め、焼酎と酢を同量ずつひたひたになるまで入れる。氷砂糖を少しずつ加える（冷蔵庫に保管しながら食べてみてちょうどよい甘さになるまで時間をかけて足していく）。タネも10個くらい入れておくと風味が出る。まちよさんは毎年「ぶんご」という味のよい梅で作る。

【やしょうま作り教室】

まちよさんは年に１回、仲間５人と近所の小学校で「やしょうま」作りを教えています。やしょうまは３月の仏事にお供えするきれいなお餅です。

①上新粉１キロに砂糖230ｇ、塩小さじ1/3を混ぜて、90℃くらいの熱いお湯約１ℓを入れて箸で混ぜる。熱いのでゴム手袋をしてこねる。

「この大きな陶器のボールは『かぶと鉢』と言って、昔はどこの家にもあったんだよ。重さがあるから、こねる時ぐらぐらしないで具合いいんよ」

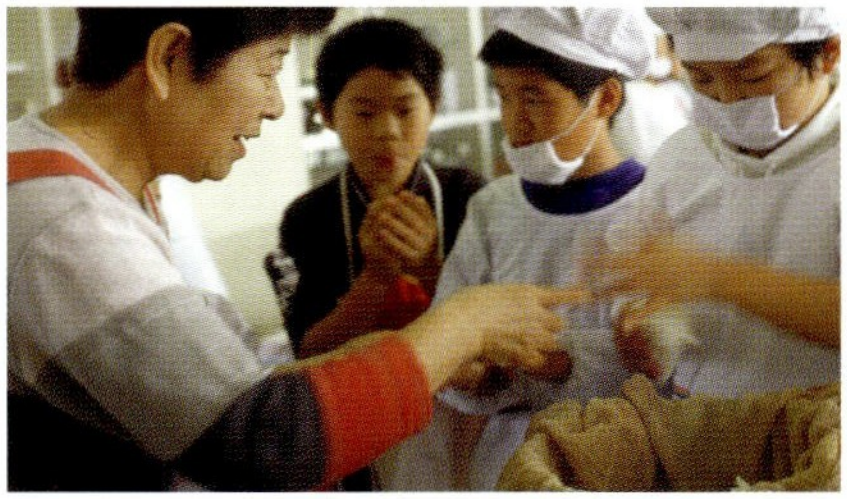

②こねた米粉を20分～30分、蒸器で蒸す。その時、火が通りやすいように、一握りずつに丸めて入れる。

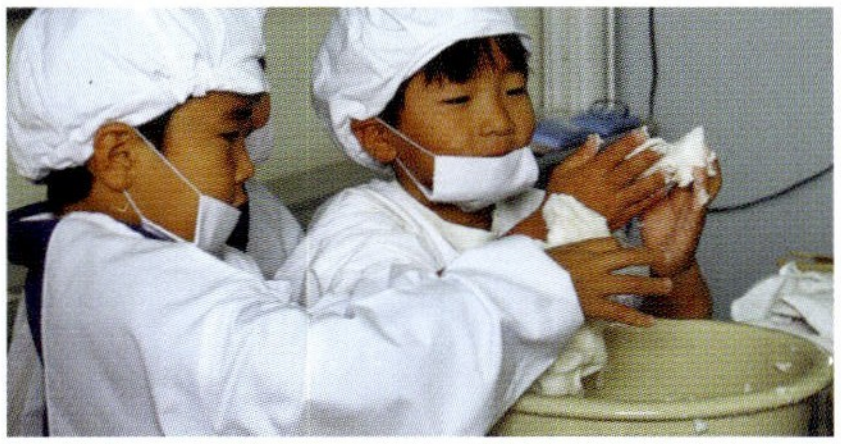

③「あったかい粘土みたいで気持ちいいね」

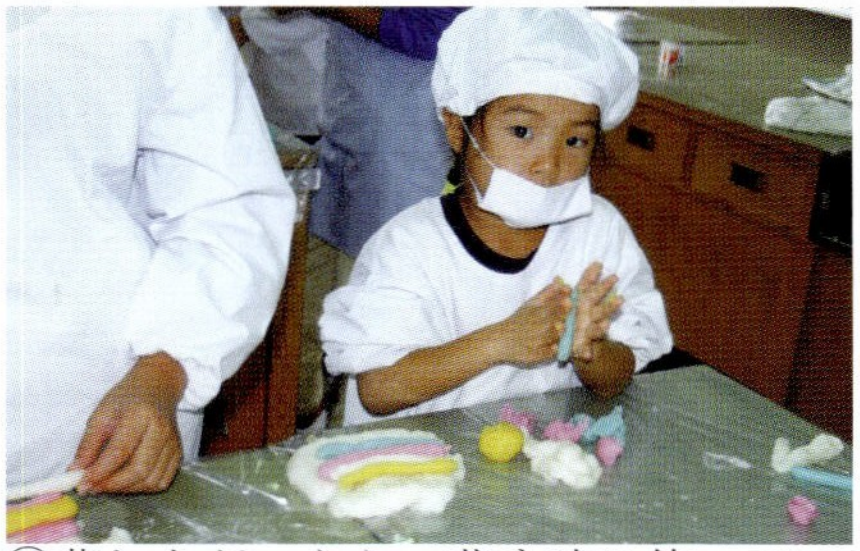

④蒸し上がったら、蒸す時に使っていた蒸し布巾ごと、冷たい水の中にいったん落とす（びっくり水をやる）。その後、もう一度こねたら生地の出来あがり。食紅などの食品用着色料を入れてこね混ぜたら、後は自分の好きな柄になるように作っていく。

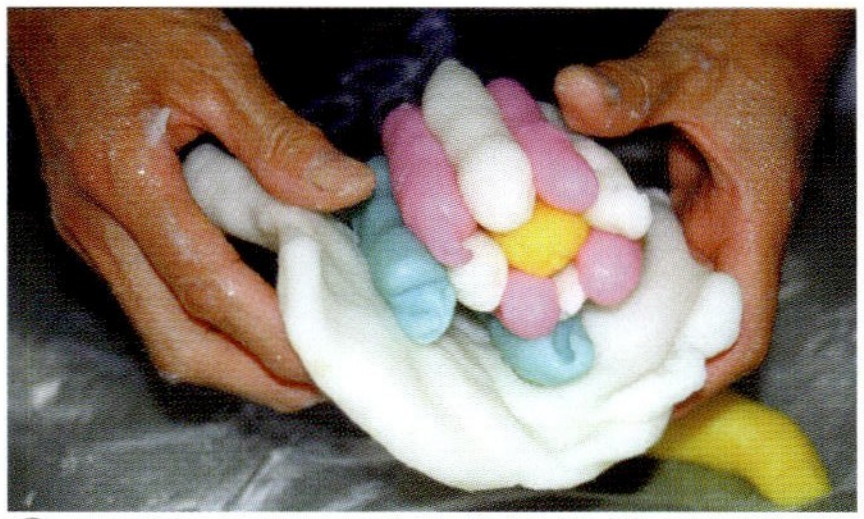

⑤おばあちゃんは、お花模様の切り口にした。はじめ、うんと太く作って、それから延ばして直径４～５ｃｍくらいにしていく。

⑥コロコロ手で押さえながら、テーブルの上を転がす。

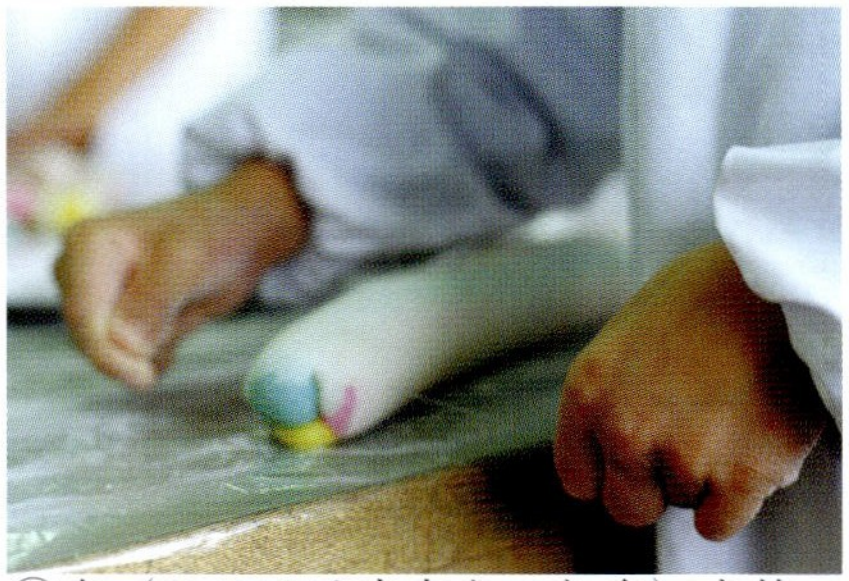

⑦糸（ここでは丈夫なつり糸）を使って１ｃｍくらいの厚さに切る。どんな切り口になっているか、みんなどきどき嬉しそう。

⑧「できたー」お弁当箱に詰めて、家へのお土産に。

「ぼくね、近くに住んでいるおじいちゃんのとこに、これ見せにいくの」

ほんのり甘くて、まだ少し温か。少し置いておくと固くなるが、固くなったら、焼いて食べるとよい。

「昔はご飯に炊いて食べられないような『しいな米』や砕けた米を粉にひいてもらって作ったもんだよ」

ひだみ食文化を受け継ぎ現代風アレンジ料理も考案

王滝村　村営「郷土料理ひだみ」

瀬戸美恵子さん（左）と田中初子さん

一〇〇年は虫がつかない

長野県の農業改良普及員として、四〇年間各地で仕事をしていた松川町の米山由子さん（一一八ページ参照）に「おばあちゃんのお茶うけに興味があるなら、ぜひ王滝村の『郷土料理ひだみ』に行きなさい」と勧められました。

「ひだみ」とは、どんぐりのことで、東北地方では栗やくるみが上等な「上のみ《うわ》」と呼ばれるのに対し、コナラやミズナラの実であるどんぐりは「下み《した》」と呼ぶそうです。それが伝えられるうちに「したみ」が「ひだみ」になったといわれています。

昔は、囲炉裏《いろり》の横の竹で編んだかごに、大釜で茹でたどんぐりが入れてあったそうです。何年置い

田近多世子おばあちゃん（71歳）

【どんぐり粉とアレンジ料理】

実のみになった状態

①芽だし。拾ったどんぐりを桶に入れ、蓋をして２～３日置く。芽が出れば皮がむきやすくなる。芽が少し出た状態のどんぐりからできる粉が最も質がよくたくさんとれる。これを生《しょう》をよくする、と言う。

②熱処理。熱湯に通し、日光に当ててよく干す（虫殺しと、早く乾燥させるため）。

③皮むき。どんぐりを殺す（皮の袋に入れて踏んだり叩いたりして、皮と実に分けること）。②③の状態で長期保存可能。

④ぬるま湯に一昼夜浸す。

⑤茹でる。ザル（「す」という）に実をあげて大きな鍋に入れ、灰汁または重曹（１升の実に対し大さじ２）を加える。鍋の真ん中にザルをおき、水を何回も替えながら、汁の色が抜けるまで茹でる。「す」を使うと、大きな鍋を持ち上げることなく、水を替えることができ、また、どんぐりの実割れを防ぐ。このアク出しに４日間かかる。冬になると、薪ストーブの上にひだみの鍋が乗せられていて、家中匂ったという。

⑥粉にする。柔らかくなった実をザルに上げて水分をきり、石臼で粉になるまでつく（金ざるで裏ごししてもよい）。

３升のどんぐりから８～９キロのどんぐり粉ができる。

１日目の茹で汁を利用して「どんぐりコーヒー」ができる。

粉に砂糖を加えて練り、どんぐりあんこを作る。

どんぐりあんこのパイ。独特の風味がおいしい。

どんぐり粉を練りこんだパン。昔から餅に練りこまれてきたのをパンにアレンジ。

ても悪くならない非常食でした。一〇〇年は虫がつかないと言われたそうです。戦争中にもさかんに食べられましたが、一時、すたれてしまいました。

そのひだみ食文化を継承するために、御嶽山岳歴史文化会館に隣接して「郷土料理ひだみ」ができました。どんぐりから作られる昔ながらの故郷料理、それを現代風にアレンジしたパイやゼリー、季節の山菜料理などが食べられます。

初めて食べた「どんぐりあんこ」は思いのほかクセがなく、ねっとりとした独特のなめらかさがありました。豆の風味もあります。「どんぐりコーヒー」はあまり苦くなく素朴な味で、豆のような旨みがあり、コーヒーそっくりです。

身近でよく見るどんぐりが、手間をかけることにより、こんなにおいしく食べられるのです。とても驚きました。

王滝村では、秋になると子供からお年寄りまで、みんながどんぐり拾いをして郷土料理ひだみに持ってきます。それを一キロ二〇〇円で買い入れて保存しておくのです。今年は豊作で、七五〇キロのどんぐりが集まりました。

六月になると王滝村の山菜の王様「しおで」が食べられるとお聞きして、またまた訪ねました。

八つもお皿が並んだ「郷土の幸」という料理は、一〇〇〇円という値段が信じられない手の込んだ料理ばかりです。採算を考えず、王滝村を訪れた人に喜んでもらいたいという村の人の気持ちがひしひしと伝わってきます。

お店の瀬戸美恵子さん「笹の葉を採ってきてくれたり、おこわを作ってくれたり、陰で働いてくれる仲間がいっぱいいるの。だから、こんなにたくさんの手作りのものを食べてもらえるんさね。私は自分がおいしいものを食べて幸せなんで、みんなにも食べてもらいたいだけ」

美味で貴重な「しおで」を初めて食べ、村の人の心のこもった料理の数々に、幸せをいっぱいいただいて帰りました。

郷土料理ひだみ
☎〇二六四—四八—二六四八
月曜休館

【山菜の王様「しおで」】

「しおで」は山のアスパラガス。地面からにょっきり出てくる。１本太いものを採ると、端から細いものがどんどん出てくる。

●しおで味噌

瀬戸美恵子さん手作りの「しおで味噌」。刻んだしおで、味噌、砂糖、けずり節を混ぜ、朴葉の上に乗せて２つ折りにして冷凍しておき、フライパンで凍ったまま焼く。冷凍保存なので、１年中いつでも山菜の王様のおいしさが楽しめる。

【王滝村の「郷土の幸」】

「郷土の幸」1000円。要予約。箸は木曽ひのきのめずらしい手削りのもの。持ち帰れる。

●どんぐりうどん　うり葉のかき揚げ、ねぎとみょうがの刻んだものが乗っている。

●朴葉《ほおば》巻き　どんぐりあん入り。

●どんぐりゼリー　板ゼラチンを水につけておき、温かいどんぐりコーヒー500ｇの中に入れて溶かし、砂糖50ｇを混ぜる。干したスミレの花が飾ってある。（ゼラチンの量は製品によって違うので表示を見て使う）

●スミレの花干し　卵白を少し泡立て（まだ液体の感じがする程度）、スミレの花を伏せて並べておき、刷毛で花の裏に卵白を塗る。その上にグラニュー糖をパラパラとふりかけ、日陰干しをする。時々くっつかないように動かしながら、天気のいい日に一日干すとよく乾燥するので、密封容器にしまい、冷蔵庫で保存する。1年中使えて便利。

●うり葉（ギボウシと呼ばれる山菜）の味噌かけ　「たま味噌」をかけてある。味噌400ｇ、三温糖200ｇ、みりん１カップを鍋で加熱しながら混ぜる。この味噌はたいへんおいしい。これを味わうために、ここに来る価値があると思えるほど。なんと、麹まで手作りするというから驚き。

●わさび葉とワラビの甘酢醤油漬け（左）
材料２キロに対して、薄口醤油600mℓ、砂糖300～350ｇ、酢300mℓを煮立てて熱いうちに材料にかける。

●しおでのおひたし（右）

●銀河おこわ　笹で餅きび入りのおこわを巻いてある。王滝村は星が美しく「銀河村」と名乗っている。餅きびの黄色が星のように散らばっているところからこの名前がつけられた。

●変わり天ぷら　うどの茎や葉の部分、あずき菜、しおで、ユキノシタなどの山菜を天ぷら粉の衣で揚げる。ギョウザの皮の素揚げ２枚の間に「たま味噌」をはさみ、さらにたま味噌を少し乗せ、山菜の天ぷらを貼りつける。

水車でついた粉で作る笹巻きだんごが春を呼ぶ

王滝村　栖村《すむら》菊枝さん（75歳）

右上は「すんき漬け」。右下は「王滝かぶの漬物」。左は「笹巻きだんご」

昔ながらの豆腐

古くから信仰の山として有名な御嶽山の登山口、王滝村に七五歳のおばあちゃんが作っているおいしい豆腐屋さんがあります。

栖村《すむら》菊枝おばあちゃんのお店には、看板がありませんでした。村で知らない人はいないから、看板なしで誰も困りません。でも、この頃になって、昔ながらの作り方のおばあちゃんの豆腐がおいしいと、観光客もこの店を訪ねるようになりました。けれど、看板がないので見つかりません。そこで、「トーフ」という看板を作りました。

豆腐は一回で二〇個作れます。一個で普通の豆腐の二丁分はある大きさです。これを少ない時で二回＝四〇個、週末などの多い日は三回＝六〇個、お祭りの時や夏に

左奥が栖村豆腐店

豆腐を作る菊枝おばあちゃん

は娘さんのたか子さんも手伝って七～八回も作ります。

各家庭に「漬物部屋」がある王滝村

この日は近所の瀬戸いせこおばあちゃん（六七歳）とのお茶飲みです。お茶うけは「すんき漬け」「王滝かぶの漬物」「笹巻きだんご」

瀬戸いせこおばあちゃんと

●すんきだんご（12個分）

①米粉300ｇ、小麦粉30ｇ、砂糖15～20ｇをお湯300mℓで溶いて、粘りが出るまでよくこねる。
②すんき漬け200ｇを細かくきざんで、砂糖、醤油を好みの量を入れて炒り煮にする。
③米粉の生地をお椀型にのばしてすんきを入れて丸め、20～25分蒸す。

など。笹巻きだんごは六月に作り、冷凍庫に保存しておけば、いつでも電子レンジで温めて食べられます。

すんき漬けは世界に三つしかない塩をまったく使わない漬物です（他の二つはネパールのシンキ、中国の酢菜《ツァンサイ》）。木曽地域で赤かぶの葉を使って作られていますが、

干したすんき種。これをきざんでみそ汁に入れると、しじみ汁にそっくりな味がする。

王滝のすんき漬けは野沢菜で作られるので、とてもまろやかでおいしいそうです。

交通の便が悪く塩が入手できなかった昔、塩なしで漬けた漬物が「すんき」になったと言われています。前の年に漬けたすんき漬けを干してとっておき、次の年に漬け込む種として使います。

五〇～六〇度くらいのお湯で干しすんき種を戻し、さっと湯通しした菜と一緒に樽に漬け込んでいきます。一番上にもすんき種と戻し汁を乗せ、重石をして一〇日ほど置いておくと、乳酸発酵により独特の風味の漬物になるのです。冬は酸味があっておいしいのですが、春になると味が飛んでしまうので、おいしい状態で冷凍保存しておきます。

菊枝「その人の手によって、味が違うだよ。わたしは、医者で薬もらって飲むようになったら、すんきがうまく漬からんくなってね、味が変わっちゃったの。だから、今日は瀬戸さんのすんきを持ってきてもらったんだわ」

王滝村では、どの家にも「漬物部屋」があるのだそうです。

春は「笹巻きだんご」から

「春はよ、だんご作らなきゃ、きりがつかんでよ」と言うほどの年中行事、笹巻きだんご作りにおじゃましました。

昔から五月（旧暦の五月なので、実際には六月）のお節句に必ず作るもので、水車を利用してついた米の粉でだんごを作ります。

家の裏を流れる川沿いには、昔はどの家でも水車があり、ずらっと並んでいたのですが、今では王滝村でも菊枝おばあちゃんの家一軒のみになってしまいました。そのため、毎年五月三〇日から六月一〇日まで、村の人が交代で使うのが習慣になったのです。

私がおじゃました六月八日は、屋高千子《やだかちね》おばあちゃん（七八歳）の番でした。

千子おばあちゃんは、今日「おはたき」二回目（米を叩くようにつくため、こう呼ばれている。こ

水車小屋

金の輪を入れてつくと米が自然に流れて能率よくつける。

ある程度米粒が細かくなったら金ザルでふるい、粒の大きいものを戻してつく。

●朴葉《ほおば》巻き

1升5合のあずきを1度茹でこぼして、柔らかくなるまで煮て、砂糖2キロ（ザラメだと水が出なくてよい）を入れてさらに煮る。米粉2キロ、小麦粉200ｇを混ぜ、お湯2リットルを入れて木じゃくしで混ぜ、粘りが出るまでよくこねる（この分量で50個分）。お椀のような形に延ばし、あんこを包み（包み方は79ページ）、朴葉で巻いて、い草で巻く。約20分蒸す。朴葉の香りが口いっぱいに広がる。

登志子おばあちゃんは一日がかりで朴葉巻きを100個作った。

菊枝さんの家の近所の朴の木。毎年使われるため背が低い。朴の花は甘く強い香り。

【笹巻きだんごの作り方】

①水を加えてよくこねる

②３枚の笹の葉でだんご生地を包む

③「い草」でぐるぐる巻いていく

④笹の葉先を折り曲げて、またぐるぐると葉の根元の方へ巻いていく

⑤葉の根元でい草をねじって止める

⑥30分蒸して完成

の米で作った笹巻きだんごのことも、おはたきと呼ぶ)。

「一回目は全部、親戚に送る分さね。今日は自分のと子供の分」

一回のおはたきは米八升まで。家により三升だったり五升だったり、量はまちまちです。

笹巻きだんご作りは四日がかり。まず一日目は山へ笹採りに。

二日目は笹を洗い、米を水に入れてふやかしておき、夜寝る時にザルにあげ、適度に乾かしておきます。一升で三〇~四〇個作れます。笹の葉は一個につき三枚が必要なので一〇〇〇枚以上使います。千子おばあちゃんは八升なので、八〇〇枚以上。これを一枚一枚洗うのはたいへんな作業です。

三日目は「おはたき」。八升の米なら二時間近くかかります。そして、水で練って笹で包んで三〇分くらい蒸します。

四日目は子供や親戚に送る作業。

笹巻きだけでなく、この季節に採れるたけのこやふき、畑の野菜なども入れて送るので、最低半日はかかる仕事なのだそうです。

千子おばあちゃんは、うるち米七にもち米三の割合ですが、菊枝おばあちゃんは六対四。それぞれ好みにより、ゆずれない配合があります。笹に入れ、いぐさでくるくると巻いて形を作ります。

千子「年にいっぺんしか作らないから、やりかた忘れちまうなあ」

登志子「おや、おめさんはそう巻くんかい。わしゃ、こうさ」

千子「あれ、そうだったっけなあ」

近所の仲良し、西村登志子おばあちゃんも来て、にぎやかです。人により、微妙に大きさ、巻き方、形の整え方が違います。村のおばあちゃん一人ひとりの味があるのです。

うみた(蒸しあがった)笹巻きと登志子おばちゃんが持ってきてくれた朴葉巻きで、さっそくお茶飲み。水車の粉の笹巻きだんごは、市販の均一な細かい米粉と違い、粒がやや大きいものと小さいものが混ざり合っているので、もっちりと歯ごたえがあります。初めての食感でした。

「やはり、笹巻きは水車でないと」とおばあちゃんたちがこだわるのがわかります。笹の香りがよく、なんともいえず、あったかーい、おいしさでした。

今年も、「王滝村からの春の贈り物」を、きっとみんなが心待ちにしていることでしょう。

フキ採りに夢中

菊枝「六月の王滝村は、山菜採りのいい季節だがね。昔、四〇歳くらいの時だったか、一輪車持って二人で山へふき採りに昼っから行ったんだ。二里か三里歩いて行ったかな。いいふきがたんとあって、だんだんと採って集めておいて、また行くら。夢中で山じゅう歩いて、後から集めて一輪車に乗せてみたら、山になって前が見えんの。あんまりたくさん積んでふらふら押して歩くしね。そのうち、真っ暗になってきてさ」

登志子「やっと家帰ってみたら、家のもんがご飯も食べんで騒いどるから、なんでご飯食べとらんのと聞いたら、これから捜索しなければ、というところだったんだよなあ」

菊枝「西のとうちゃん、行ったり来たり、おろおろしてたてな」

娘のたかこさんと三人で、思い出して大笑いです。

たかこ「それに、その話には、ま

だ落ちがつくんだよね」
登志子「次の日になってみたら、昨日、あんなに苦労して採ってきたふきが家にちょっとしかないんな。たんとあるで、姑さんがそこらじゅうに配っちゃってな。がっかりしたわ。塩漬けにしておけば、とっといて食べられるだに」
たかこ「昔はね、山菜採ってくるのは嫁だった。採ってくればそれで役目は終わりで、使うのは姑だったんよ。昔は年寄りの言うことは何でも聞いたんだって」

幼なじみの二人は愉快な「やじきたコンビ」で有名です。

その二人の故郷は今はダムの湖底にあります。

「三岳村黒瀬は一四軒家があったんよ。私らは嫁に来た後だったけど、塩尻の方とか名古屋なんかにばらばらにみんな引っ越していったね。不思議なもんでさ、夢見るときは、いつも生まれたとこの夢を見るのさ。こっち（嫁いだ王滝村）の方はなかなか夢に出てこないけどな。生まれたとこの夢と親の夢をよく見るよ」

【ふきの煮物と朴葉巻き】

田近多世子さんのふきの煮物

木曽では、身長より長く伸びるふき畑をよく見かけます。めずらしいので写真を撮らせてもらおうと、通りがかりの家にお願いしました。

「東京から来たの～。じゃ、ちょっと上がって、朴葉巻き食べてかない」と見ず知らずの私を誘ってくださいました。

蒸したてほかほかの朴葉巻きは香り高く、とてもおいしく、何よりその親切な言葉に心までほかほかしました。その上、ずうずうしくも台所に上がり込んで、作っている所の写真まで撮らせていただきました。

皮の生地に打ち粉をして、麺棒で伸ばす。

あんこをくるむ。

岡田たえ子さん

「漆器を使うと食べ物がおいしく見えるら」

楢川村　伊藤まちよさん（90歳）

「おしん」の生活

木曽谷にとっても元気な九〇歳のおばあちゃんがいらっしゃるというので、訪ねました。楢川《ならかわ》村平沢で江戸時代から六代続く、漆器の製造販売をしている「伊藤寛司商店」のまちよおばあさんです。

「よくおいでてくんなさった」と、ふきで作ったお菓子、砂糖漬けの生杏、梅、かりん、そしておばあちゃんが作った煮物を、それぞれ朱塗りの器に入れてもてなしてくださいました。お茶うけを朱塗りのお皿でいただくなんて、ひとつひとつとてもお上品な感じがして、まるでお雛様になった気分です。

「私、九〇だだよー。さんざ苦労してきたから、甘いも辛いも、みんな知っとるの」

【伊藤まちよおばあちゃんのお茶うけ】

●かりんの砂糖漬け

かりんをさっと湯通しして、砂糖と一緒に瓶に詰めておくと、水気があがってきてシロップ漬けになる。のどの薬。

●ベーコン入り煮物

里芋、ちくわ、にんじん、こんにゃく、固くなったベーコンが入っている。みりん、醤油、砂糖、塩で味つけ。冷蔵庫に入れておいて固くなってしまったベーコンも、まちよさんは上手に利用する。和風の煮物に入っていても違和感なく、油気がコクとなっておいしい。

●梅の砂糖漬け

採れたての真っ青な梅を１晩塩水につけておき、２つ割りにして種を抜いて、新聞の上で砂糖をいっぱいにまぶしてから瓶に入れる。１週間くらいは毎日味をみて、砂糖を足す（砂糖が足りないと発酵して、泡がたってくる）。水気があがってきてシロップがたくさんできるから、夏場に氷水を足して飲むとおいしい。梅は黒砂糖で煮たのもおいしい。

●ふきのお菓子

水ふきは茹でて皮をむいて切り、砂糖で煮る。水分がなくなるまで煮た後、さらに砂糖をまぶして干す。甘い中に微かに残るふきの苦味が美味。

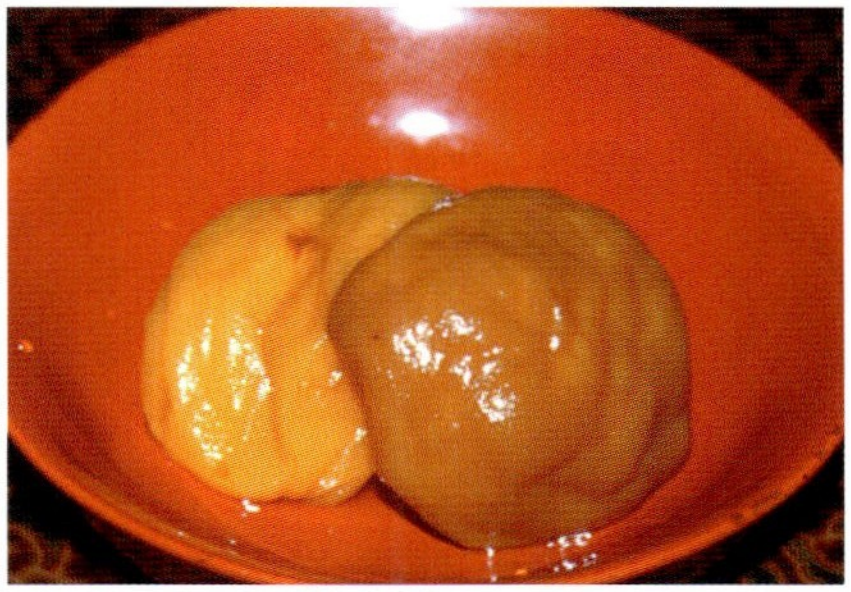

●生杏の砂糖漬け

【材料】

生杏（種つき）４kg
砂糖　1.7～1.9kg
酢　1.5カップ
焼酎　２カップ
塩　400g

①１日目……杏を２つ割りにして酢1/2カップ、塩400g、水をひたひたに入れて24時間おく。
②２日目……杏を真水にさらす（２～３回水を替える）。
③３日目……杏をザルに上げて水をきり砂糖250g、酢1/2カップ、焼酎１カップの中に24時間漬ける。
④４日目……つけ汁を捨て、砂糖1.5～1.7kg、酢1/2カップで本漬けする。

まちよさんは、楢川村平沢に明治四三年に生まれ、一三歳からこの漆器店に奉公に来て、塗りの仕事を覚えました。

「さんざ苦しんだだよ。おしんの生活と同じ。ウソじゃないんだよ。ほんとの話だよ、おしんは。あの頃はみんなそうだっただよ。いい家のお嬢さん以外はね。小学校一年の年の子が子守りして、井戸から水汲んで桶で何回も何回も運んで、お風呂をたいてたんだからねえ。今の人が聞いたら、ウソと思うら？」

二四歳の時、見そめられて漆器店の五代目と結婚。その後も六八歳で夫の病気の看病をするようになるまで、ずっと「うるし塗り」の仕事をしてきました。

七人の子供を育てていた三五歳から四五歳くらいの頃、戦争も乗り越えてきました。その頃は自分の子に食べさせるものもない時代なのに、まちよさんはその七人の他にも里親として七人の子供も預かっていました。

「食べるもんがなくてねえ。隣組の衆で山に木の芽を摘みに行ってさ。タラの芽とかうまいのでなくて、普通の木の芽や葉っぱさね。でも、子供に食べさせたら吐いちゃって……。大人でも食べられないもの、いくらひもじくても、子供だって食べられないよ、そんなもの。何にしても、戦争はこりごりだね。戦争はしちゃいけないよ」

お昼のおつゆとお茶菓子はおばあちゃんの係

おばあちゃんは、週二回、送迎バスに乗って、近くの「萌の里《もえぎ》」という老人介護施設に出かけます。

「今はね、そこで年寄りが皆集まって、一日ゆっくりお医者さんに体を見てもらったり、あんましてもらったり、お湯に入ってお茶飲んだり、体操したりしてね。年寄りを大切にしてくれるの。そこで会えるから、家へ行き来してお茶飲みすることはなくなったけど、ありがたいねえ」

九〇歳になった今でも、萌の里に出かける以外の日は、お昼のおつゆ作りと、午後三時の塗り物工房の七人の職人さんに出すお茶とお茶菓子はおばあちゃんの係です。時々、氷餅を揚げたのを砂糖醤油でからめたものなど、おばあちゃん手作りのお茶うけも登場するそうです。

「この頃はさ、もう年だで、めっきり自分じゃ作らんに」

というおばあちゃんにおねだりして、四月と八月に二回、手作りおやつを教えていただくことになりました。

夏芋（じゃが芋）の茶巾絞りは甘さ控えめの「きんとん」のようなお菓子。さつま芋ではなく、じゃが芋というのが驚きですが、食べてみると、じゃが芋と甘味がとてもよく合い美味です。

鍋焼きはさんしょの葉の香りがアクセントになり、ジャコの旨味がきいていて、いくつでも食べたくなる味。

まちよおばあちゃんは必ずお仏壇にあげて、お祈りをしてから自分たちでいただきます。

お茶飲み天国楢川漆器祭り

六月初めの金・土・日は、毎年、平沢の町の「漆器祭り」が行なわれ、いつもは静かな町もこの日はたくさんのお客さんで賑やかです。お祭りの最中は、町に並ぶどの

【まちよおばあちゃんの夏のおやつ「鍋焼き」】

①この日はさんしょの葉とジャコを入れて鍋焼きを作る。

②残りご飯茶碗山盛り1杯に水を入れてパラパラにほぐし、麦粉（小麦粉。薄力粉でも中力粉でもよい）200～300ｇくらいとジャコひとつかみ（50ｇくらい）、砂糖大さじ2、醤油を「の」の字に、さんしょの葉をちぎって入れる。夏にはさんしょの葉が大きくなっているが、軸を入れなければだいじょうぶ。

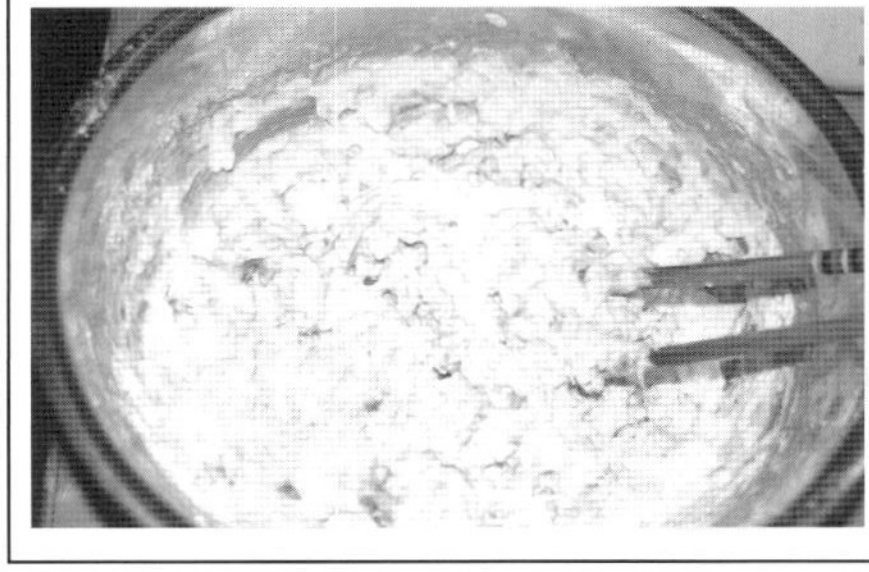

③手に水をつけて1ｃｍくらいの厚さの丸型にまるめ、油で揚げる。塩気が足りなければ、食べる時、砂糖醤油をつける。

「干し桜海老を入れて作るとうんとおいしいだよ」

【夏芋の茶巾絞り】

夏芋（じゃが芋）を柔らかく茹でて、砂糖と塩を入れてつぶし、布巾で茶巾絞りの形に作る。たまねぎの炒めたものなどを入れてもよい。春になって芽が出てきたようなじゃが芋、小さいくず芋などを利用して作る。

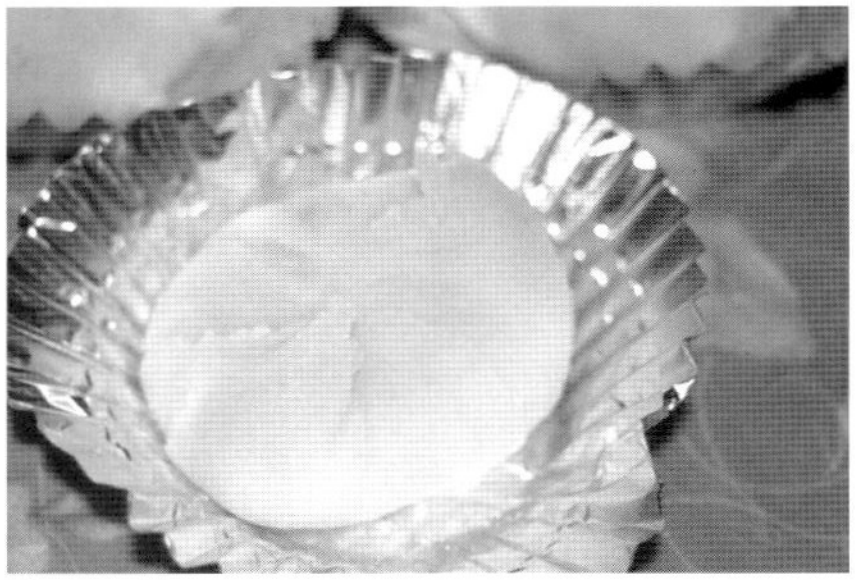

漆器屋さんでも、裏に「特設お茶飲み会場」を設け、木曽名物「朴葉巻き」（あんこ入りの餅を朴の葉で包んで蒸したもの）や「うど汁」など、何十軒もある漆器店それぞれの自慢の「季節のおやつ」をふるまいます。誰でも食べてよいのだそうです（とはいえ、たくさんの来場者全員が食べる分はなさそうですから、実際は漆器を買った人がいただくという感じですが、伊藤寛司商店さんは、見学だけのお客さんにも、積極的に声をかけていました）。

店をまわりながら繰り広げられる「お茶飲み天国」は、いかにも信州のお祭りらしいおおらかさがあります。今年、私はまちよおばあちゃんが前日から張り切って作ったおやつを目当てに、漆器祭りに出かけました。

「塗り物は高いけど、ずっと使えるし、食べ物がおいしく見えるら。今は不景気だから、前ほどは売れなくなったんよ。木曽の漆器は昔から、山越えて伊那の農家の衆が主に楽しんで使ってくれただよ。でも、今、農家もたいへんでしょ」

そう言って、おばあちゃんは少し寂しい顔をしました。

「だけんど、こんな不景気な世の中なのにさ、二年前から東京で他の仕事をしてた孫が、今年から帰ってきて座って（塗りの仕事に入って）くれたの」

どんな食べ物もおいしく見せてくれる、塗りの器の美しい色つや。木のぬくもりや木目の温かさ。いつまでも忘れることなく、日常生活の中に木の器を取り入れて、毎日の生活を楽しんでいきたいと思いました。

⬆うど汁。鍋にサバ缶と水を入れて煮立て、うどを切って入れ柔らかくなるまでしばらく煮て味噌と醤油で味をつける。酢の物などにする時は使わない上の部分もおいしく食べられる。
➡店の裏にうど汁の大きな鍋とお椀が置いてあり、セルフサービスで食べられる。

朴葉巻き（作り方は76、79ページ参照）

野沢菜漬け、野菜のあえもの、ふきの煮物。普通のお惣菜でも鉢代わりに手軽に重箱を使うととてもおいしそう。

そばサラダ。茹でたそばに山菜や好みの野菜を混ぜ、好みのドレッシングで食べる。

優しさと情があればこそ幸せな思い出に包まれて

南木曽町（妻籠宿）　磯村とも江さん（88歳）

三味線でもてなしてくれた御主人

一番の楽しみは里帰り

木曽の妻籠宿あたりで、おばあちゃんと出会いたいと思いましたが、つてがありません。そんな時はとにかく出かけてみようと、民宿に泊まりに行きました。

民宿の金剛屋さんでは、たった一人の客のために、御主人が三味線を弾きながら「木曽節」や花嫁行列の「長持歌」、郷土芸能の「さいとろさし（鳥さし踊り）」などを歌って一生懸命もてなしてくださいました。

「おばあちゃんなら、家にいるよ。今日はもう寝てしまったけど、明日ぜひ会ってやってください」

磯村とも江おばあちゃんは隣の宿場、馬籠宿の生まれです。

「二七の時、父さんに全然見たことのない人のとこへ嫁に行けと言われたの。結婚が決まったら、ご飯がのどに通らんくなったのよ。男衆と遊んだなんて全然なかったから、心配で心配で、胸がいっぱいになってよー」

　とも江さんの夫、舅《しゅうと》、姑は、みんなとても優しい人でした。それでもやっぱり、とも江さんにとって一番の楽しみは里帰り。何か食べたいものがあるとき、実家に帰りたくてたまらなくなります。味ご飯とかお餅とか、特別贅沢なものではありません。でも、嫁は「これが食べたい」なんてことを家では言えなかったのです。昔の嫁はどこでもそうだったといいます。

　磯村家では舅と姑がムシロを織り、馬籠の近くの神坂《みさか》に売りに行って、米と交換していました。今では車で数分の馬籠宿も、昔は歩いて二時間以上かかりました。

　とも江さんはムシロを届けた帰りに、子供と米をしょって実家に寄ります。日帰りで戻らなくてはならないので、ゆっくりはできません。実家のお父さんはとも江さんの小柄な体に重い米と子供の両方を背負わせるのが不憫だと思ったのでしょう。米を背負っていつも途中まで送ってくれました。

「峠まで送ってくれると『もうちょっと行くわい』って言って、またその先でも同じこと言ってね。いっぺんは、もうすぐ先に家の屋根が見える所まで、ずっと送ってきてくれてよ」

　本人が望まぬ所に嫁にやってしまったと思う父親と娘の情に、話を聞いている私も胸がいっぱいになりました。

　夫が八五歳で亡くなるまで、とも江さんは五五年間、夫婦として暮らしました。

「お墓に行って『きれいにしたぞい』『花を入れたぞい』って、返事をしない人に話してさ。今はね、足がへぼくなってしもうて、お父さん（夫）のお墓に行けれんようになってしまってね。お墓に行きたくてたまらんの」

　顔も知らない人との結婚は、人権無視のような気もしましたが、おばあちゃんの話を聞いていると、「人としての優しさ」にあふれていれば、長く一緒にいればいるほど幸せになれるのだと思いました。

　それに比べて私たちの世代は、恋愛で熱い思いで結婚するけれど、思いやりに欠けて長続きしない夫婦のなんと多いことか。恥ずかしくなりました。

民宿「金剛屋」
☎〇二六四ー五七ー三二一六

【五平餅】

　夕食に名物の五平餅をたくさん出してくださいました。１枚の小判型にするものと、このように小さめな丸型を２つ串に刺すものとがあります。

【作り方】

①ご飯を少しかために炊く。
②ご飯を７分くらいまで、すりこぎで押しつぶす。
③適当な大きさにちぎり、串に刺してワラジ型または丸型２個にする。
④きつね色になるまで両面を焼く。
⑤タレをつける。
⑥再び焼いてタレに香ばしい焼き色をつける。

【タレの作り方】

①オニぐるみとごまを別々のすり鉢に入れてすりつぶす（くるみを多く入れるとおいしい）。くるみはすりにくいので、みりんまたはお茶（くるみが白くなる）を入れてする。
②醤油、砂糖、みりんを混ぜ合わせる（味をみながら好みで入れる）。
③　①と②を混ぜ、すり鉢の中でかき混ぜ、さらにすり込む。

「料理は失敗をたくさんして自分のものにしていくの」

南木曽町（妻籠宿）　亀山敬子さん（72歳）

民宿のなつかしい味

妻籠の民宿の中で、料理がすごく好きなおばあちゃんがいると紹介していただきました。二五年続く民宿「亀山」を夫婦二人で経営している亀山敬子さんです。お茶畑のお茶摘みが忙しい季節が終わった六月末、お茶飲みをするというので、伺いました。

町並みが保存されている妻籠宿から、馬籠宿方面に少し行った山あいにある静かな宿です。

「私が一歳の時、大正一二年に、おやじが六〇〇円で建てた家だよ」と夫の守雄さんが教えてくれました。囲炉裏に自在かぎがかかっており、台所には昔ながらのかまどが残っています。なんとも心が落ち着く、なつかしさを感じる宿です。

左から宮下妙子さん、亀山敬子さん、藤原たま江さん

【敬子おばあちゃんのお茶うけ】

●たけのこの煮物

たけのこは先を少し落として皮に切り込みを入れる。米ぬか、赤唐辛子を入れて茹で、茹で汁につけて冷ます。鍋にみりん、醤油、砂糖、出し汁を入れて煮る。煮て冷凍にしておくとよい。

●梅の砂糖漬け

採りたての新鮮な青梅を海水くらい（塩分約３％）の塩水に１日漬けておく。板の上にタオルを置き、金づちで叩き（割れ目を入れないとしおれてしまう）、水につけ、水をかえて半日くらいおく（大きい梅ならもっと長く）。ボウルなどに梅を入れ、砂糖を全体に霜降りくらいにまぶして、水が出たら水分を捨てる。次に梅１キロに対し砂糖１キロ300ｇ（半分は氷砂糖を使用。焼酎を加える場合は少し減らしてもよい）を入れ、瓶に詰めてこまめに瓶をゆすったり逆さに置いたりして水分を早く出す。この汁を使って漬物をするとおいしい。

●梅の砂糖煮

生の梅にフォークで穴をあけ、１日水につけておく。沸騰した湯に一気に入れ、色が変わったら水にさらす。１日くらいそのままにしておく。ホーロー鍋に梅を移し、１キロに対して500ｇの砂糖を入れてまぶし、しばらく置いて水分が出てきたら、酒１カップを入れてトロ火で煮る。梅を黒砂糖で煮て梅ジャムにするとおいしい。

●ふきの酢の物

山ぶきをさっと茹でて皮をむいて水にさらしておく。酢、砂糖、塩を入れて煮る。調味料を入れるとふきから水分が出てくるので、中火で水分が少なくなるまでよく煮る。最後に一味唐辛子をふる。

●白かぶの梅汁漬け

１年寝かした前年の梅漬けの汁に醤油少々、一味唐辛子を入れて漬けたもの。きゅうりで作ってもおいしい。

●手作り醤油

大豆１斗を茹でて柔らかくして小麦１斗を炒り、臼にかけて挽き割りにする。米麹200ｇ（見当）と混ぜ、水２斗と塩１斗を入れて発酵させる。毎日かき回さなければならないので、醤油作りは手間がかかるし温度管理も難しい。当地では４月に仕込んで12月に醤油絞り業者がジャッキを持って回ってくるので、絞ってもらう。昔はみんな作ったが、今では妻籠で醤油を作るのは３軒くらいになってしまった。

「年に何回も、名古屋から来てくれる常連のお客さんがあるから、ちょっと変わった肉料理でも、と思って作ったら、おばさん、僕たち毎回同じものでいいんだよ。昔ながらのおばさんの料理が好きで来てるんだから、と言われただよ」

昔ながらの味と研究心

この日のお茶飲みのメンバーは宮下妙子さん（七七歳）、藤原たま江さん（六七歳）と敬子おばあちゃんの三人です。

この辺はちょうど春の田植えの時、「ハチク」というやや細めで、アク抜きの必要がないたけのこが採れます。

たま江「ハチクの煮たのや、えんどう、玉ねぎ、早掘りのじゃが芋などの煮たものや赤いおこわを、田の神様のために畔のところにお供えして、お神酒をまいてお願いしてから田植えをしたもんだね」

妙子「田植えのごちそうはおいしかったねー」

敬子「昔からの食べ物を作るには手間がかかるけど、おいしいよね」

たま江「最近の人は、作ることがやだんだよね」

敬子「昔ながらの味を知っとるものは、そこらでちょっと売っているものではおいしくないから、やっぱり自分で昔ながらの作り方で作るのがいいね」

台所には梅の瓶がたくさん並ぶ

台所で敬子さんの手作り醤油をなめさせていただくと、香りがよく、うまみが強くてびっくりしました。醤油の味からして違うので、敬子さんの料理はおいしいはずです。

そして、敬子さんはとても研究熱心です。例えば、朴葉巻きの作り方でも、工夫して独特の巻き方で作ります。近所のおばあちゃんたちが口を揃えて、料理の取材をするなら敬子さんだ、と言うわけです。

敬子「失敗だってたくさんしとるのよ。いちかばちかやってみて、自分のものにしていくの。醤油作りでは、まるきり捨てて牛の餌にしちゃったこともあるよ。失敗は成功のもとだね」

次には、ぜひ泊まってじっくりと敬子さんの料理を味わってみたいと思いました。囲炉裏の火を眺めながら、おいしいお酒が飲めそうです。

民宿「亀山」
☎〇二六四－五七－三一八七

【敬子おばあちゃんに「からすみ」を習う】

①１升の米粉（自分の家の粉ひき器で粉にする。１升の米を粉にすると山盛りになる）に熱湯を注ぎながら箸で混ぜる。生粉がなくなるまで様子を見ながら加える。

②お湯が入ったらこねる。こねて固さを見てお湯を足す。「いつもお湯は見ながら入れてるから、何ｃｃかわからないねえ」。

③一握りくらいの大きさにして15分くらい蒸す。この時、蒸し布は乾いているのがよい。

④さきほど練ったかぶと鉢を一度洗って、蒸し上がった米粉を入れ、すりこぎでよくつく。黒砂糖（塊状の黒砂糖でなく粉状になっているもの）１キロを数回に分けて、白砂糖200ｇ、塩大さじ１（味をみて少し足す）を加えていく。３升くらいで作る時は臼を出してきて杵でつく。

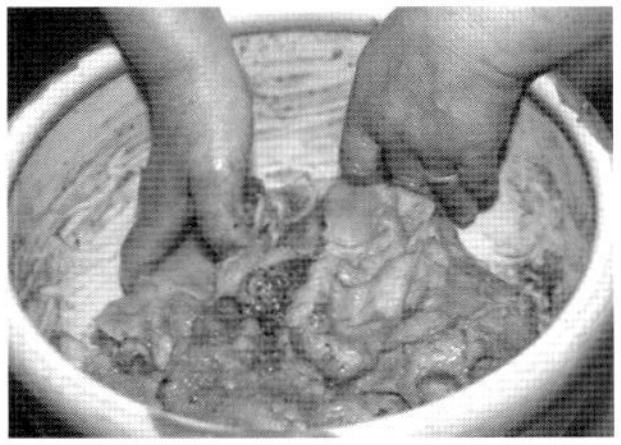

⑤砂糖が入るとくっつきやすいので、手に水をつけながらこねる。

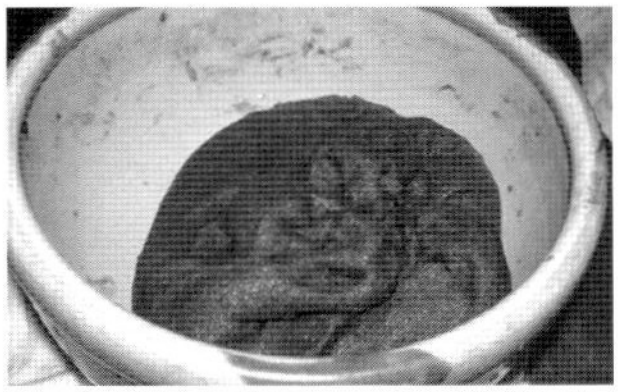

⑥おいしそうな茶色にこね上がる。

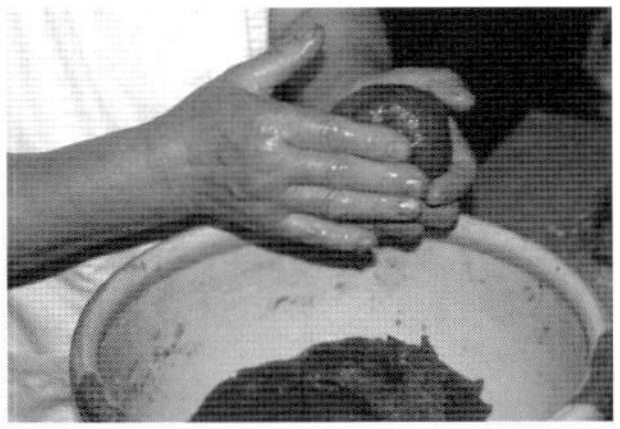

⑦握りこぶしくらいの大きさにして、棒状に伸ばす。

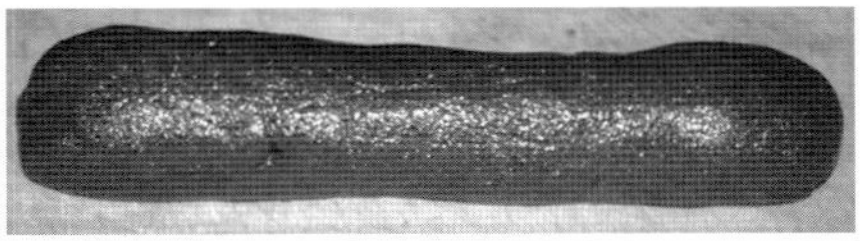

⑧よくぬらしたまな板の上におく。

⑨菜箸で上に３つの窪みを作る。まず真ん中を窪めてから両端に。

⑩この形が昔からの型を使わない形。

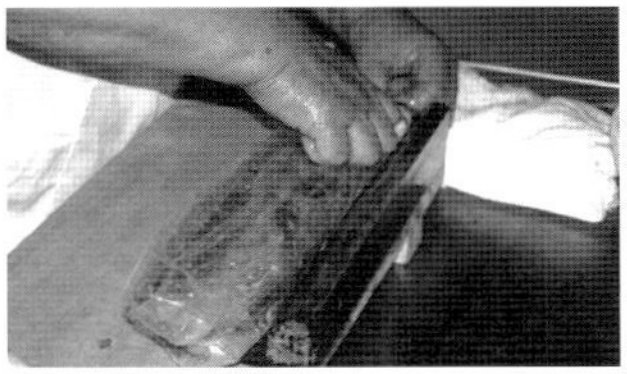

⑪木の型を使うやり方。型に砂糖のビニール袋を半分に切ったものをよくぬらして敷き、棒状のからすみ生地を入れ、上にもビニールをかぶせ、しっかり手で押す。

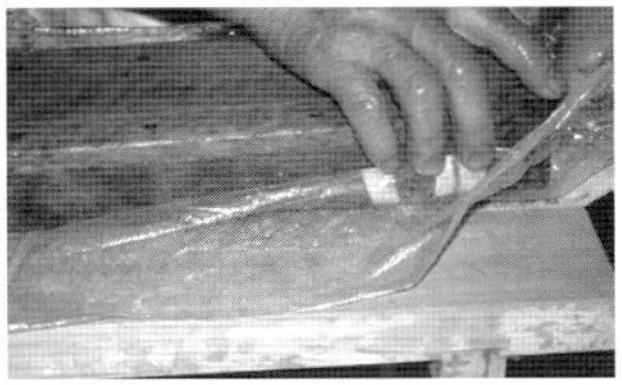

⑫型を逆さまにして出す。山のようなきれいな形にできる。上の部分に少し白い生地を入れると、雪が積もった富士山のようにきれいにできる。

⑬10分くらい蒸し器で蒸す。

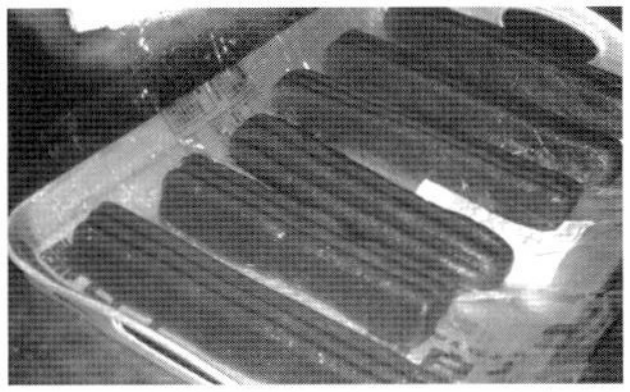

⑭完成。「昔はたけのこの皮を使っていたけど、砂糖の袋は厚みがあって丈夫だし、熱にも強いから便利だだよー」

季節の食材と保存食による郷土料理が山里を彩る

茅野市　小尾けさみさん（81歳）
長田しげさん（79歳）
長田定さん（80歳）

「山裏」の知恵

「ここらの言葉は語尾が『ずらずら』って言って荒っぽいけど、ねーちゃん気にしんでな」と、小尾けさみおばあちゃんは、会ってすぐから方言で親しく話してくれました。

近所に住む仲良し四人のおばあちゃんは、いつも誰かの家に集まっては、お茶飲みをしています。今日はたまたま、八三歳で最年長の長田たかおばあちゃんの体調が悪く来れなくて、長田しげおばあちゃん、長田定《さだ》おばあちゃんとの三人になりました。

しげ「ここらは茅野んなかでも平らなとこじゃなくて山だで。しかも山里どころじゃない。山裏って昔から言ってたない。何かもの買い行くったって、バスがねえずら

左から長田しげさん、長田定さん、小尾けさみさん

【小尾けさみおばあちゃんのお茶うけ】

●文化豆腐（凍み豆腐の煮物）

①凍み豆腐をお湯で戻して軽く押して水分をきり、にんじんとちくわを入れ、みりんと醤油で味つけする。ちくわや干した貝などのよく味の出るものを必ず入れる。（なんとチキンナゲットが入っていることも。不思議によく合っていておいしい）
②最後に溶いた卵を入れて混ぜる。

●梅の砂糖漬け

①青梅を一晩水につけてアクを出す。
②塩水につけて２晩おく。
③塩水からあげて半分に割り、氷砂糖・塩・酢・「梅をパリッとつける素」少々を入れて置いておく。
④夏が近くなって赤じそが採れたら、塩もみして加える。（嫁の恵美子さん作）

●なす漬け

①なすはヘタを切り取り、切ったヘタも捨てないで一緒に桶に入れて（その方が色よくできる）、ミョウバンを少し入れる。塩を手加減で入れて砂糖も入れ重石をして、１～２杯の水を入れておく。
②一晩たつと水がついてくるので、桶ごと揺さぶって中身をかえす。暑いとすぐだめになるので、漬かったなすは冷凍しておくと、いつまでもおいしい。
「茅野のなすは薄皮でやこくて、うめえだぞ」

●きゅうりの辛子漬け

きゅうり10キロ、塩500ｇ、砂糖２kg、辛子200ｇ（袋に入った粉のもの）これを全部樽に入れ、水を少し入れておくだけ。少量ならビニール袋で作り、冷蔵庫に入れておくとよい。

●さつま芋の茎煮

さつま芋の茎を４ｃｍくらいに切り鍋の中に入れ、砂糖と醤油を入れて煮る。

●二番ぼいの煮物

ふきを春１回採ると、夏から秋にかけて２回目が出る。これが「二番ぼい」と言われ、おいしい。ふきは昔から胃の薬と言われていた。
①ふきを生のまま皮をむいて食べる大きさに切る。
②重曹を入れて茹で、水に入れて一晩アク出ししておく。
③水をきり、塩を振って押しをして水分を出す。
④鍋に砂糖、醤油、ふきを入れて煮る。

い。魚は自転車で売りにきたもんだぞ。米と交換でもよかっただぞ」

定「ほんとに昔は何もなかったなあ。サンマ買うと三つに分けてな、頭は大根と煮て食べたもんだぞい。今の子供はうめえもんばっか食べてるでなぁ。この前、かぼちゃの味噌汁におろぬき（間引き菜）入れて作ったら、こじきの食べるもんだって言ったぞ。悲しいなあ」

けさみ「だけんど、米と味噌だけは、いつもあったなぃ。お勝手の戸棚にあるもんを見て、いつも食べるもん考えてやるだい」

ものがあまりない山の中の生活を長くしてきたおばあちゃんたちは、季節の食材と保存のきく「凍み豆腐」などを使っておいしいものを作る名手です。

右下がのた餅

ゆっくりお茶飲みをしていたら、お昼時になりました。でも、おばあちゃんたちは少しもあわてません。なにしろ、もともとおかずのようなものを並べて、お茶を飲んでいるのですから、白いご飯が出れば、すぐにお昼が食べられます。

今日は東京から私が来ているということで（私が食べたいとお願いしたのですが）、諏訪地方の郷土料理「のた餅」を作ってくれることになりました。

夏に作った枝豆を茹でて冷凍庫にしまっておき、すり鉢でつぶして、砂糖、塩を味をみながら加えます。固い時は水を加えて、とろみを出します。

「この頃はミキサーやスピードカッターで作るようになったなあ。早くていいけど、すり鉢でつぶしたのが一番だぞい。豆がいろいろにつぶれるから、全然違う」

やっぱりすり鉢が一番

この日は、柔らかめに炊いたご飯があるので、その上に乗せました。

畑通いが日課

けさみおばあちゃんは八〇歳なのにとっても元気で、春から秋の間は短い時間でも毎日畑へ行って、いろいろな野菜を作っています。しかも、市場に出荷までして収入を得ているのです。

二〇〇一年の夏はほうれん草を作り、二〇〇グラムずつ袋に入れて、それを一箱に二〇ずつ入れ、八六箱出荷しました。

「去年は一三七出したから、今年はだいぶ減ったぞ」

もろこしは毛の部分を切って、基準に達しているか一本ずつ重さを量ってきれいに拭き、一箱に二四本入れます。これを四九箱出荷しました。

「だって、肥料だの種だの農協から買って畑してるんだから、ちょっとはお金もらわんと」

タフなけさみおばあちゃんには、

頭が下がります。

戦争に引き裂かれた結婚

けさみおばあちゃんは、二六歳の時、結婚しました。その頃は、まだ新婚旅行に行くという習慣がなかったのですが、汽車で一泊二日、長野の善光寺と松本城に行きました。嬉しかったそうです。

「昔はさ、七、八人も子産んだで、いとこ同士でみんな組んで結婚を決められただよ。だもんで、この辺の家はみんな親戚ってわけずら」

四人のおばあさんはみんな親戚関係です。

吉田「じゃ、おばあちゃんの頃は、全然、恋愛感情とかなかったの？」

定「ふふふ……」

吉田「定さん、何かあったの？ 教えて教えて」

昔の山の中の生活は、若い者が遊びに行く所がありませんでした。ですから、村の「お不動さま」の日、毎月一五日に今で言うと盆踊りのように、お不動さまの境内で二重の輪になって「だんちょね」の踊りを踊るならわしがあったのです。それが、若者のレジャーでした。一五日になると、近くの村からも若い男女が集まってきて踊ります。

また、お正月には順番で宿になって、百人一首を楽しむ会がありました。

こうした機会に、村の青年は自分の好きな娘さんを見つけ、手紙を出すのです。娘さんの方では、好きな人から手紙が来るのを期待して待っています。手紙が自分の好きな人ではない人から来たら、返事を書かずにそのままにしておきます。

二、三通だったでしょうか、定さんもそんな手紙をもらいました。

一七歳の時です。五つ年上の青年からもらった手紙に、定さんは初めて返事を書きました。お互いが好きでも、デートするという世の中ではありません。ただ手紙のやりとりをする、それだけです。

当時、二一歳になれば、男には出征命令がきました。定さんの大切な人も、やがて出征して行きました。その後、定さんは親の決めた人と結婚することになりました。その頃は、親が決めればそこへ行くのが普通でした。ですから、定さんも親の言うことをよく聞く素直な娘として、それに従ったのです。

定さんが二四歳で結婚して約一年後、子供が生まれて三カ月の時、夫は戦地へと出征して行きました。そして、台湾沖で戦死してしまったのです。でも、亡くなったことを一年半も知らされず、ずっと夫の帰りを待ち続けました。

ある時、手紙をやりとりしていた男性から、定さんはどうしているか、と親戚に話があったそうです。その親戚は、「もう終わったことだで、そっとしておいてやってくれ」と、そのことを定さんに教えませんでした。そうして、その男性も結婚しました。

それを定さんが知ったのは、もっとずっと何十年も後のことでした。

結局、七九歳の現在まで、定さんはたった一年あまりの結婚生活しかおくらず、ずっと一人で暮らしてきました。多くを語らない定さん、胸のうちはどんなにせつなかったことでしょう。

三つの冷凍庫は宝の山
冷凍保存の名人

茅野市　湯田坂ふじ子さん（63歳）
五味市子さん（60歳）

朝、煮物を煮なさいというしつけ

秘密兵器の冷凍庫

茅野市に「冷凍保存名人」のおばあちゃんがいると聞いて、出かけました。教えてくれたのは、茅野市で農協補助員（農協生活指導員の助手。料理・手芸などの講座の手伝いをする）を長くしていた五味市子さん。冷凍保存名人の湯田坂ふじ子さんは、その時の農協補助員仲間です。

ふじ子さんは茅野で生まれ、二二歳で結婚して、一時東京で一〇年ばかり暮らしましたが、茅野に戻ってきて五〇アールの畑、一五アールの水田を作っています。夫、娘夫婦と孫二人の六人家族です。

事前に私はふじ子おばあちゃんから「来るなら、春になる前に早く来てね。春になると、冷凍スト

【湯田坂ふじ子おばあちゃんのお茶うけ】

●きな粉飴

鍋に砂糖100ｇ、水大さじ４、水飴大さじ山盛り１を入れ、ぶくぶくと泡が出るまで加熱して弱火にし、きな粉240ｇを入れて混ぜる。３つくらいに分け、よくこねてなめらかにしたら棒状に伸ばし包丁またはハサミで斜めに切る。周りにきな粉をまぶし冷凍しておき、食べたい時冷蔵庫に移しておく。

●甘酒

800ｇのこうじにひたひたになるまで熱湯を入れて一晩寝かせる（こうじがかなり柔らかくなる）。朝になったらもち米５合を普通の水加減で炊いたものを入れて混ぜ１日寝かす。発酵すると泡がたくさん出てくる。泡がなめらかになったら鍋の中で煮立たせ発酵を止めミキサーにかける。味をみて少々砂糖を足す。

●ブルーベリーソース

ブルーベリーに氷砂糖少々を入れて煮て、砂糖控えめに作り、瓶詰にして瓶ごと冷凍保存しておき、少しずつ出して食べる。このブルーベリーは畑の隅に５本ほど植えてある自家製。ヨーグルトにかけて食べる。

●かぼちゃ天よせ

①蒸したかぼちゃを裏ごしして１～２キロのかぼちゃペーストを作る。
②棒かんてん５本を水につけておいていったん絞り、水1100mℓの中にちぎり入れて火にかけて溶かす。
③寒天液の中に砂糖350ｇを溶かしてかぼちゃペーストを加えて混ぜ、流して缶に入れて冷やす。

「作る時はいつもこのくらいたくさん作って、みんなにあげるの。それが楽しみなんだから、ちょっとばかじゃ作らんのよ」。ここ茅野市糸萱はかぼちゃがおいしくて有名。

●なすのおから漬け

なす２キロを２日くらい、みょうばん大さじ１を入れた塩水につけておき、出た水を捨て、おから２升、辛子30ｇ、塩100ｇ、砂糖400ｇ、水５合を混ぜた中に漬けて、一晩置いて水が上がってから冷凍しておく。少しずつ出して、なすの採れない時期にも食べる。冷凍保存なので、しょっぱくしなくてももつ。おからを使うとなすの色が保たれ、柔らかく漬かる。きゅうりも色よく漬かる。

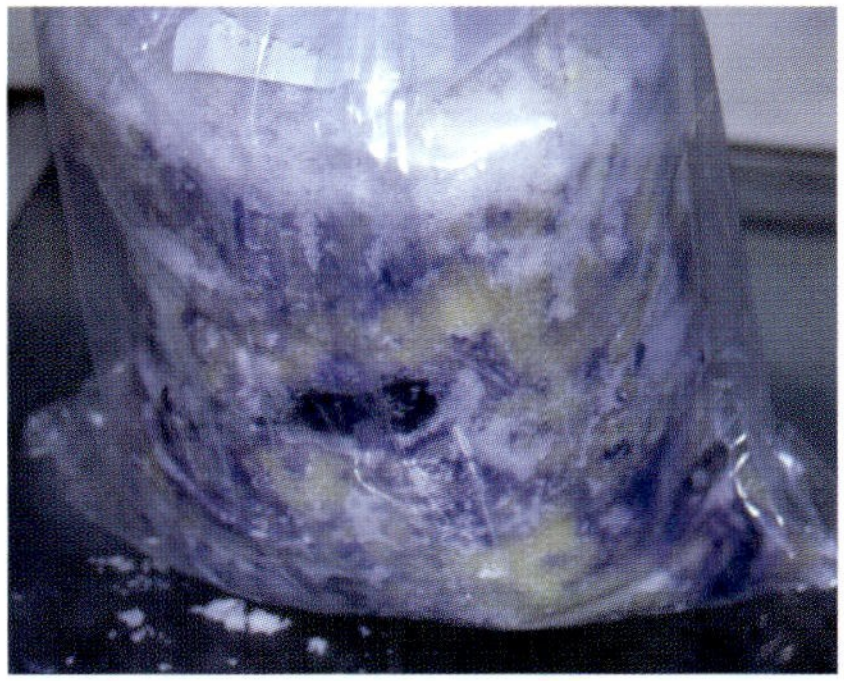

ッカーが空っぽになっちゃうから」と言われていました。

　二人とも、とても料理上手なので、今日は特別たくさんのお茶うけを用意しておいてくださいました。

　五味市子さんは「私の明治二六年生まれのおばあちゃんの教えなんだけど、『朝、煮物を煮なさい』って。そして、人が来て『お寄りなして』と声をかけたら、すぐ台所へ行ってやかんに火をつけるもんだって。そうやってすぐ動かないと、お愛想で言っているように聞こえてしまうからね。誰も来なきゃ、夕食のおかずにすればいいわけで。ここらでは、そういうしつけをされているから、だれか来てもさっとお茶のこ（お茶うけ）があるんな」と、この土地の事情を教えてくれました。

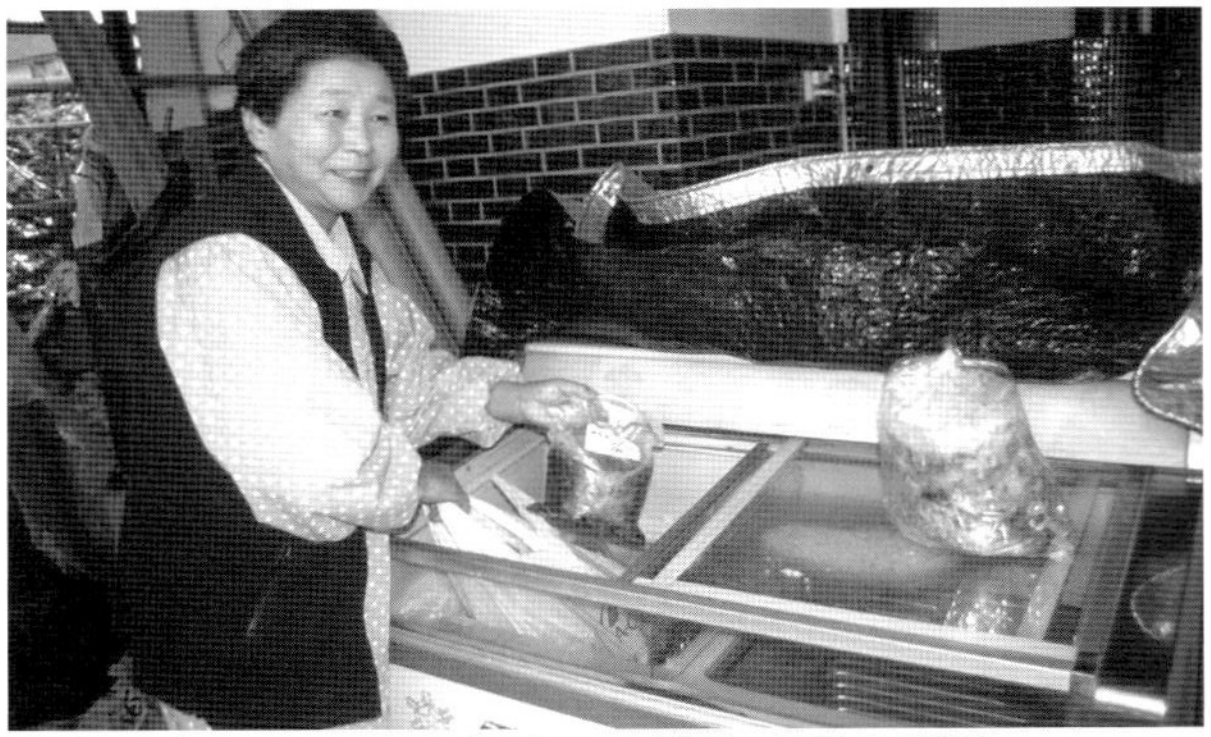
もらいもののアイスクリーム用冷凍庫を利用

ふじ子おばあちゃんの冷凍リスト

　ふじ子おばあちゃんは、普通の家庭用大型冷凍ストッカーの他に、アイスクリーム販売用ケースを二つ持っています。

　「昔はもっと田んぼが多かっただよ。でも、減反、減反で減らして今は畑が多いからね、野菜がどんどん熟んじゃう（熟してしまう）でもったいないずら。こうやって冷凍しといて、春まで食べるのさね。もともと食べるのが好きだで、何もとれない冬の間でも、自分の畑のものはおいしいし、第一買わなくていいからできるだよ。それに、夜遅く帰ってきても冷凍庫のフタを開ければ何かある、といのはうんと便利がいいだよ。もう、冷凍庫がなかったら、あたし生きていけないね」

手作りソーセージ（左）、きゃらぶき（右）。瓶のまま冷凍しておくのも便利。

　それでは、ふじ子おばあちゃんの冷凍庫の中身をご紹介しましょう。

①かぼちゃ……切っておくので、すぐ鍋に入れて煮ることができる。

ピーマンの肉詰め。凍ったままフライパンで焼く。

②トマト……湯むきして切って冷凍。このまますぐトマトソースが作れる。
③ピーマン……ヘタと種を取ってこのまま煮て食べる。炒めてもよい。
④ピーマンの肉詰め……二つに割って、内側に片栗粉をふり、ハンバーグ生地を詰めて粉をつけておく。このままフライパンで焼く。ハンバーグも冷凍にしておく。
「孫が喜ぶから、いっぱい作ってあるだよ」
⑤いんげん……さっと塩ゆでしてこのままあえものや天ぷら、煮物に。
⑥よもぎ……春に出るものよりも夏に二回目に出たものの方が香りが強いので、それを重曹を入れて茹で、きざんで冷凍しておく。
⑦よもぎ餅、あわ餅
⑧枝豆……さっと茹でてそのまま食べたり、のた餅（九四ページ参照）にしたり料理の彩りに。
⑨なすおから漬け（九七ページ参照）・なす辛子漬け……漬物を減塩で漬けて冷凍しておく。
⑩紫芋裏ごし（次ページ写真）……肝臓にいいというので四国から苗を取り寄せて畑で作ってみた。
⑪きゃらぶき……瓶詰のまま冷凍しておき、食べたい時冷蔵庫に移す。
⑫ブルーベリージャム……砂糖少なめで煮る。
⑬甘酒（九七ページ参照）
⑭きなこ飴（九七ページ参照）……きな粉も大豆をひいて粉にした時、冷凍保存しておく。
⑮鮭切り身……一尾でのもらいものを切って冷凍。まわりに水をつけて冷凍する。まわりの水が凍ることによって味が逃げない。
⑯手作りソーセージ……仲間で集まって添加物のない手作りソーセージをたくさん作ったものを冷凍しておく。
⑰鹿肉……焼肉にして食べる。

甘酒。味噌作りの後、味噌のこうじを使って甘酒を作り冷凍しておく。

⑱しめじのつくだ煮……きのこは秋から値が上がるので、夏の安いうちに作って冷凍しておく。
⑲野沢菜……漬物用を採った後、ギリギリまで畑に植えておいた甘味のある野沢菜を茹でて切り、冷凍しておく。
⑳松茸……スライスして一回分ずつアルミホイルに包んでおく。急なお客様の時に便利。
㉑ゆうがお……食べやすい大きさに切って冷凍し、凍ったまま水の中に入れて味噌汁などにすると、いつでも採りたてのようにおいしい。

餅各種

私はピーマンやゆうがおを冷凍

できることを初めて知りました。
また、きゃらぶきやきのこのつく

最近話題の「紫芋」。裏ごしして冷凍保存。

だ煮などを瓶ごと冷凍しておき、好きな時に冷蔵庫に移すなど、長い間台所仕事を積み重ねてきたおばあちゃんならではのアイデアです。

採れたて自家製野菜と料理の知恵、そして家族への愛情がギッシリ詰まったふじ子おばあちゃんの冷凍庫は、まさに宝箱です。

外の作業場でおじいちゃんがお正月飾りを作っていた。もうすぐ年越し。これから春まで厳しい季節となる。

●セロリの葉とするめの天ぷら

アクっぽいセロリの葉の部分も、天ぷらにすればおいしく食べられる。おつまみ用さきイカ少々を入れるとおいしい。

●パセリのおひたし

茅野市はパセリをたくさん出荷しているが、冬、霜がくる前にパセリを根元から1株ごと切り取り、凍らない程度の寒い所（大きい瓶の中や軒下など）に保存しておき、春まで食べる（保存場所がよければしおれない）。ほうれん草などと同じように、たっぷりのお湯で茹でて水にとってアク出しして絞り、かつお節と醤油をかける。

●ちそジュースの素

ちりめんじそ（赤じその1種）をとってきて葉をむしる。葉200g（葉は軽いのでかなりある。ひとかかえくらい）を洗い、水1升を入れて煮出す。しそを引き上げ、砂糖1キロを入れて混ぜ、少し冷めたらクエン酸を好みの量（味をみながら20gくらい）を入れて瓶の中に入れて保存する。3～4倍に薄め、夏の間、ジュースとして飲む。

●赤かぶ漬け

赤かぶを丸ごと塩で一晩漬け、翌日出して酢と砂糖に漬ける。

【五味市子おばあちゃんのお茶うけ】

●くるみおはぎ

12個分で木綿豆腐半丁と同量のくるみ（150～200ｇ）を使う。
①豆腐は茹でて水気を切る。
②くるみは炒って、豆腐と一緒にすり鉢ですり、砂糖、塩を好みの量加える。
③もち米４カップ、うるち米１カップをいつもより少なめの水量で炊飯器で炊き、半ごろし（つぶし）にして丸め、くるみあんをまわりにつける。

豆腐を入れることで、くるみのコクがありながらも、さっぱりした味になる。あぶらえ（えごま）で作るとおいしい。昔はのた餅風（94ページ参照）に茶碗に盛って、やや柔らかめに作ったものをかけて食べた。

●わかさぎの南蛮漬け

近くの諏訪湖はわかさぎがたくさん捕れるので、よくもらう。たくさんもらった時は冷凍保存しておく。わかさぎに小麦粉をまぶし、油で揚げ、「JAらっきょう酢」（材料：穀物酢・食塩・糖類・昆布エキスなど）と醤油少々を入れた中につける。セロリ、たまねぎ、にんじんの細切りと、たかのつめを細かく切ったものを入れて混ぜる。らっきょう酢はらっきょうだけでなく、酢のものやマリネなどに使えて便利。

●大根のビール漬け

大根５キロにビール１本、塩、砂糖、辛子少々で重石をして漬ける。ビールを入れると早く漬かり、独特のうまみがある。たまにかきまわす。

●野沢菜の味噌漬け

野沢菜を味噌、酒、ザラメ糖少々で漬ける。野沢菜は持ち出すと半日くらいで味が変わってしまうが、味噌漬けだと味が変わらないので便利。

●干し杏の紅茶漬け

熱いお湯で紅茶を入れ、冷ましてから干し杏の上に注いで一晩おく。紅茶で杏をふやかすと、色もいいし杏の風味も消えない。

●セロリのキムチあえ

セロリを薄切りにして軽く塩もみして、市販のキムチの瓶詰とごまを混ぜる。塩昆布も入れるとおいしい。セロリは茎を甘辛く煮るのもおいしい。１回分ずつにして、冷凍庫で保存もできる。

●かりかり梅

①青梅１キロに塩100ｇでいったん３日漬ける。
②梅を引き上げ、種を取って水につけて塩出しする。
③ザルにあげて、氷砂糖で漬ける。
④ちそ（赤じそ）の葉を酢でもんでアクの水を絞って捨て、梅の上に乗せておいておく。

おばあちゃんのボランティア喫茶「夢屋」

富士見町　平出林子《しげこ》さん（70歳）
飯田知子さん（64歳）
清水和子さん（64歳）

左から時計回りにそば粉の天よせ、小梅漬け、大根漬け、白花豆の甘煮、大豆煮、かぼちゃ煮、花豆煮、五目きんぴら、新しょうがの甘酢漬け、その上は大根漬け

左から小池かほるさん、樋口さおりさん、小池なるせさん、藤原けさみさん、清水和子さん

町のオアシス

山梨県との県境に近い富士見町の信濃境駅前に、木造りのかわいい喫茶店「夢屋」があります。ここは、おばあちゃんや障害を持った方がボランティアとして生きがいをもって働き、広く地域に開かれた交流をするために作られました。

信州らしいそばクッキー、シフォンケーキ、コーヒーなどの各種飲み物、また、軽い食事用にホットサンドなどのメニューが並んでいます。店内はミニギャラリーとして、町の方々の作品展などに使われ、リサイクルショップも併設されています。

二〇〇〇年六月にこの店ができるまで、信濃境駅の近くには、食堂が二軒あるだけでしたので、町の人たちが気軽に集まれる場所として重宝されています。

　少しでも建築費を抑えようと、中古の流し台をもらってきてピカピカに磨き上げたり、自分たちで内装のペンキ塗りをしたりしたおばあちゃんたちのさまざまな苦労の結晶です。

　週に数日ずつ交代で店番をつとめ、クッキーなどは売れ具合を見ながら週に何回か作ります。お菓子作りの時は真剣そのもの。雑談ひとつなく、てきぱきと作っていきます。
　午前中の御菓子作りの仕事を終えた後は、もちろんお楽しみのお茶飲み。奥の休憩室でタッパーなどに入れて持ち寄ったお茶うけを並べてにぎやかに一休みです。

左から平出林子さん、清水和子さん、飯田知子さん

夢屋の夢

　清水和子さんが、ボランティアの中でも、とびきり料理上手なおばあちゃんがいると言うので、三月にまたおじゃましました。平出林子《しげこ》さん、飯田知子さんです。

　三人はいつもお互いに行き来してお茶飲みをしている仲間で、月二回、町のカルチャーセンターでフォークダンスを一緒に習ってもいます。

「面白くて、みんなで笑い転げながらやるだよ」

　お勧めのお茶うけをたくさん作ってきてくださいました。三人は声を揃えて言います。

「こういうおばあちゃんの味が喫茶夢屋のメニューに加わったら、いつでも信州の故郷の味を食べることができていいと思うだよ。若い人にも観光客の皆さんにもね」

　喫茶夢屋の「夢」が広がります。

（事情により夢屋の運営主体は変更となりました）

●新しょうがの甘酢漬け（右写真参照。清水さん作）
　６～７月に新しょうがが出る頃にまとめて作っておく。皮つきのまま薄く切りながら塩水につけていき、全部切り終わったらザルにあげて水分をきる。砂糖と酢を味をみながら適当に加え瓶などに入れる。しょうがが水分に浸かっている状態で夏の間は冷蔵庫に保存しておく。涼しくなったら冷蔵庫から出しておく（とはいっても、このあたりの暖房のない部屋は冷蔵庫より寒いくらい）。

●花豆煮（右写真参照。小池なるせさん作）
　水に一晩つけておいて、しっかり豆がふくらむまでおいておき、鍋に入れて水をたくさん入れて沸騰後２～３分で一度茹でこぼす。鍋に戻して水を入れ、沸騰後弱火でことこと煮る。すっかり柔らかくなる前に砂糖、塩少々を入れる（分量は勘で味をみながら加える）。さらに弱火で煮こむ。花豆は大きいが思いのほか早く煮える（ストーブにかけて作って3時間くらい。黒豆は十数時間かかる）。

●野沢菜の辛子漬け

野沢菜は春先になると味が変わってきてしまうので、酸味が出てきたらざっと1回洗い、ざらめと粉和辛子をぱらぱらふっておく。しばらく漬け込むとおいしい辛子漬けになる。

【清水和子さん作】

●京菜の即席漬け

京菜（水菜）、きゅうり、赤唐辛子に塩を振って混ぜ、しばらくおいてから軽く絞る。

●塩いかの三杯酢

塩いかは半日ほど水につけて塩出しして薄切りにする。きゅうり、わかめ、茹でたえのきだけを加え、酢・塩・砂糖を混ぜた三杯酢を入れて混ぜる。赤唐辛子も入れる。塩いかの塩分があるので塩は少なめに。

【飯田知子さん作】

●そば粉の天よせ

寒天２本を水４合につけて柔らかくして、ちぎって煮溶かす。溶けたら砂糖、塩ほんの少々、そば粉１合を１合の水で溶いたものをかき混ぜながら入れる。料理バットなどに流し、冷して固める（寒天なので常温で固まる）。

●きんかんの砂糖煮（写真右）

きんかんはフォークでまわりを何回か刺し、種を出さないでそのまま煮る（普通は種を取るが、種つきの方が味がよい）。１回茹でこぼして、きんかんの半分くらいの砂糖を入れて煮る。りんごを厚さ1.5ｃｍくらいのイチョウ切りにして、きんかんを横半分に切ったものと一緒に煮て、レモン少々を絞ったものもおいしい。（清水さん作）

●はやと瓜の粕マヨネーズあえ

はやと瓜を薄切りにして塩をかけてしばらくおき、水分が出たら絞る。酒粕にみりんを入れて柔らかくしておき、マヨネーズを加え、はやと瓜をあえる。上に青海苔をふる（青臭さが消える）。

はやと瓜は「千成り瓜」とも言い、１本の茎から大きく広がり、本当に千くらいなる。秋に収穫して春までずっとそのままとっておけるので、冬、きゅうりを買う必要がない。あえもの、サラダ、酢のものなどいろいろ使える。春になると根が出てくる。これを植えると、そのまま栽培できてまたたくさんの瓜になる。青っぽい種類（写真左）と黄色い種類（写真右）がある。

●上野大根の漬物（左）
●はやと瓜の粕漬け（右）

上野大根は諏訪市上野地区でしかとれない25～30ｃｍの小ぶりな大根。形よくしっかりした歯ごたえの大根漬けになる。

【仲良し３人のお茶うけ】

【平出林子さん作】

●アップルだんご

上新粉500ｇ、白玉粉150ｇでだんごを作る。はじめに白玉粉だけをボールに入れて水少々で白玉粉のつぶつぶを溶かしておき、上新粉を加え熱湯を入れて練って厚さ１ｃｍほどの平らな形にして、浮き上がってくるまで茹でる（普通上新粉は蒸すが、茹でた方が早い）。熱いうちにこねて、丸める。

上に甘さ控えめのりんごジャムをたっぷりのせる（りんごを切って砂糖を入れて煮る。少し食紅で赤色をつけ寒天ゼリーの素を入れ、とろみを出す）。

●はやと瓜の即席辛子漬け

切って塩でもんで和練り辛子を少々混ぜる。写真は２日前に作ったもの。

●漬物３種

左・はやと瓜の味噌漬け　はやと瓜を味噌漬けにしたものをスピードカッターで細かくくだいて、冷凍保存しておいたしその実を混ぜる。

右・桜島大根の味噌粕漬け　酒かすをみりんで柔らかく練ったものと味噌を混ぜ、その半量の砂糖を混ぜて３ｃｍくらいの厚さに切った桜島大根を漬ける（桜島大根は平出さんが畑で作ったもの。生だと辛いが漬物にすると辛味がなくなる）。

上・セロリの味噌粕漬け

●お葉漬け煮

野沢菜を漬ける時、昆布（厚みのある日高昆布）を乗せる。それを切ってジャコも入れ、切って１回茹でこぼした野沢菜漬けを入れ、みりん、酒、砂糖、醤油で煮る。とろ火で１時間くらいかけて柔らかくなるまでよく煮る。

●かぼちゃのいとこ煮

あずきを２回茹でこぼした後、柔らかくなるまで煮る。砂糖を好みの量入れる。このあんこをとっておいて、柔らかく茹でたかぼちゃとあわせる。だんごの部分は小麦粉で作る。ぬるま湯でといて茹でる。かぼちゃあんと小麦粉だんごをあわせる（「かぼちゃだんご」とも言い、冬至に食べるならわしがある）。

●おはぎ２種（ごま・えごま）

もち米４合・うるち米１合をいつもより少なめの（米の上に５ｍｍくらい水が入っている状態）水加減で炊く。もちとうるちの割合は人により違う。ごまとえごまはそれぞれ炒ってすり鉢ですり、砂糖と塩少々で味をつける。炊けた米をはんつぶしにしてまるめ、ごま・えごまの上を転がして、まわりにつける。

笑顔が弾ける自給自足の豊かな食卓

長谷村　中山しづえさん（76歳）
西村ひさこさん（65歳）
伊藤とみさん（81歳）

左から伊藤とみさん、中山しづえさん、西村ひさこさん

長谷村の仲良し姉妹

上伊那郡長谷村。甲斐駒ケ岳の登山口、仙丈ヶ岳などの南アルプス登山口として有名な村です。ここにめずらしい「ほろほろ鳥」を飼っているおばあちゃんがいると聞き、出かけました。中山しづえさん、七六歳。今日は長谷村に住む西村ひさこさん、伊藤とみさんの仲よし三姉妹が集まってお茶飲みです。

しづえ「いつも電話一本で、遊びこんかい、って集まってるだよ」

ひさこ「私だけ弟の嫁なんだけど、ほんとの姉妹のように仲良くしてもらってね。ほんとは六人きょうだいで、伊那のねえさんもよく来るんだけど、今日は来られなくて残念だねえ」

とみ「遊びくれば話はずんではず

んでさあ、夜中の二時までしゃべってるだよ。何をそんなにしゃべることがあるんかって家で聞かれるけんど、あるんだわなぁー、それが」

ひさこ「四人で一緒にお風呂まで入って、どっちが太いか体重測定までやってね、一時間も入ったにー。みんなそろってずんぐりむっくりの姉妹だもんで、あめ細工なら伸ばしてやりたいなーってくらい。あははは」

少女のようによく笑う（笑い転げる）三人のおばあちゃんです。

しづえさんとほろほろ鳥

しづえさんの夫の正弘さんは、県の農業改良普及所に長く勤めた後、長谷村の村長を八年間務めました。「ふるさと創生」がさかんに言われている頃です。「山の中という条件を生かす仕事はないか。珍しいことじゃなきゃいかん」と、いろいろ考えていましたが、昔、静岡で「ほろほろ鳥」を飼っていたことを知り、この鳥を飼ってみてはどうかと思いつきました。

ほろほろ鳥

ほろほろ鳥とは、もとはアフリカのキジだったものを、フランスで飼うようになり、フランス料理の食材として使われている鳥です。農業新聞を見て、当時和歌山で飼っている人がいることを知りました。

そこから二〇羽を鉄道便で取り寄せて飼い始め、ふらん器を三台使って増やしていきました。一匹では警戒心がうんと強い鳥なので、小さいうちは鳥小屋の隅に集まってしまって、重なって圧死することが多かったので、増やすのに苦労もありました。

一四年前に正弘さんが亡くなってから、一人暮らしになりましたが、夫の遺志を受け継いでずっと飼い続けています。

しづえ「一人で飼い始めて四年目くらいのとき、猟犬が迷い込んで三〇〇羽も鳥がやられただよ」

とみ「あんときゃ、せつなかったなー」

しづえ「飼い主に、補償してもらったがね。気が晴れんかったね」

いろんな話をお聞きしている間に、ストーブの上にかけてあった「しもささげ豆」が煮えて柔らかくなりました。砂糖を加えて、もう少し煮たら完成です。

「しもささげはいいよー。さやで食べてもうまいし、豆にして採

インターネットおばあちゃん

ひさこおばあちゃんはインターネットでブラジルにいる娘や孫とメールで連絡を取り合っているというので、家におじゃましました。家族専用の掲示板をネット上に持っていて、読んだり書き込んだりして楽しんでいます。パソコンに出る文字の大きさを大きくして見やすくしています。「もっといろいろ使い方を知りたいから、伊那の公民館の講習会に申し込みをしたんだけど、人気があってなかなか行かれないの。いい世の中になったねぇ。地球の裏側の孫とこんなふうに話ができるなんてねぇ」

【しづえさんとひさこさんのお茶うけ】

●干し柿

皮と干し柿を一緒にビニール袋に保存しておくと柿が硬くならない。皮も干しておくと甘くなる。皮は煮物などに砂糖の代わりとしても使える。

「今年は500個むいたよ。柿はまだたくさんあるけど」　（ひさこさん作）

●フルーツ寒天

この地方ではどこのお茶飲みにも必ずと言っていいほど、寒天を利用したおやつが１品出てくる。インスタント寒天ゼリーの素各種が売られているので、簡単に作ることができる。寒天ゼリーに缶詰のもも、干しぶどう、キウイフルーツを合わせる。

●セロリ塩漬け

10～11月に採ったセロリを塩漬けしておく。食べようと思う前日、出してきて食べやすい大きさに切って、一晩塩出ししたもの。緑色がたいへんきれいで、味も浅漬けのようにさわやかで塩蔵品には思えない。

●田作り

１袋80ｇを３袋くらい１回に作って保存しておく。電子レンジに２～３分かけてカリカリに乾燥させ、砂糖大さじ２～３杯、醤油少々をふり、混ぜる。さらにあとから砂糖大さじ１を混ぜる。（以上、しづえさん作）

●餅花（「はぜ」「かきもち」とも言う）

一晩水につけて吸水させた２升のもち米を25分くらい餅つき器の蒸し器で蒸す。その後、練って餅にする途中でボウルに入れて溶いた卵８個、小麦粉１合、砂糖１合を少しずつ入れる。混ぜ終わった餅を料理バットにビニール袋を敷いた上に３ｃｍくらいの厚さに入れ、２日ほど乾かしたら（途中でビニールをはずして裏返しておく）、薄く切る。切る時を判断するのがむずかしい（硬すぎても柔らかすぎても切りにくい）。卵が入っているので、普通のかき餅よりふんわり軽く、また味もよい。青のり入り、ごま入りなども作るとよい。　（ひさこさん作）

●くりたけご飯

冷凍してとっておいたくりたけをみりん少々と醤油50mℓで煮て、ご飯３合と一緒に炊く。　（しづえさん作）

【中山しづえおばあちゃんのお茶うけ】

●うめえわかめ

梅の甘酢漬け（梅１キロ、氷砂糖１キロ、酢１升）を作ってできた汁できゅうり、塩わかめを戻して切ったもの、しょうがを薄切りにしたものをあえる。

●きのこのおひたし

秋に山から採ってきたきのこ（アミタケ、コムソウなど）をすぐ茹でて冷凍保存しておく。解凍して醤油とねぎをかける。

●貝ひも煮

ホタテの貝ひもの乾燥品を水に入れて戻し、煮て柔らかくなったら、みりん、砂糖醤油で味をつける。

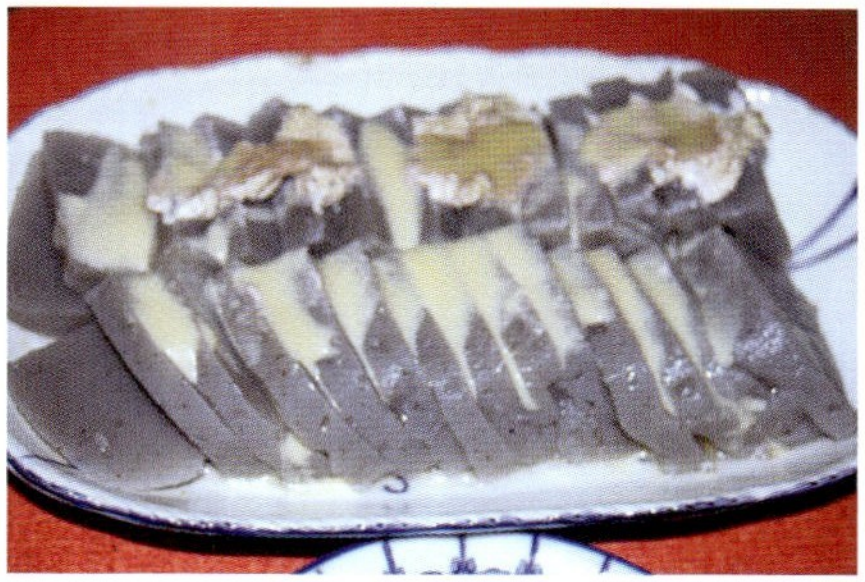

●手作りこんにゃくのくるみ味噌

こんにゃくを茹でて切り、くるみ味噌（くるみを炒ってすり鉢ですり、味噌、砂糖を入れて混ぜる）をかける。くるみは殻のまま沸騰したお湯に入れて５分おき、ぬれたまま中華鍋などで炒ると口があくので、くぎなどで割ると中身を出しやすい。

●しもささげの甘煮

豆５合を水で一晩ふやかしておく。たっぷりの水を入れて火にかけ、柔らかくなるまでゆっくり煮る。柔らかくなったら砂糖１キロを何回かに分けて加えてさらに煮る。１回でたくさん作り、冷凍しておいて食べる。

●かぼちゃサラダ

かぼちゃを塩少々入れた湯で茹で、スライスたまねぎとマヨネーズをかけるだけ。「はくしゃく」というかぼちゃは皮に腐りが入らず春までもち、冬を越すと甘味が出てたいへんおいしい便利なかぼちゃ。硬いので出刃包丁で切る。

●野沢菜の醤油漬け

野沢菜12キロに醤油１升、砂糖800ｇ～１キロ、酢２～３合で漬ける（重石をする）。

●梅酒

焼酎に竹串などで何カ所か刺した梅、氷砂糖を入れておく。

って煮てもうまいで。豆煮るときゃー五合くらいいっぺんに煮るなあ。ちょっとばか煮るってことはないだよ。冷凍でとっといて食べるに」

村のイベントなどで、時々しづえおばあちゃんのほろほろ鳥が振舞われるのを楽しみにしている人がたくさんいます。

卵もできるので、しづえさんは肉・卵・そして畑で採れる野菜と、食べるものはほとんど全部自給自足でまかなえます。「調味料と豆腐は買うなー」というくらい。

訪問したのは一月末。雪の下に埋まって、時が作り出した甘い甘い大根、甘いかぼちゃ、冷凍保存のきのこや煮豆、塩蔵のセロリの青々として香り高いこと。真冬でも、しづえおばあちゃんの食卓はとても豊かです。「野菜は採れたての新鮮なものがよい」と思ってきた私には衝撃のおいしさでした。

都会に住む私たちは、季節に関係なくスーパーマーケットに行けばいつでもどんな野菜でも手に入るので、一見便利な半面、「今あるものを工夫して使う力」がなくなっています。無駄の多い貧しい食生活をしている、と反省しました。

⑩こんなに細く、しなやかに切れた。これをビニール袋に入れて、吹いて空気を入れて膨らませて口を閉じると、宅急便で送ることが可能。親戚に送って喜ばれている。

⑪タレの「辛つゆ」を作る。味噌を小皿に入れて、ガス台の魚焼きで焼く（欠けたお皿を廃物利用する）。白菜やキャベツの葉の上に味噌を乗せて焼くとよい。

⑫ミキサーで大根の絞り汁を作り（すりおろして汁を絞ってもよい）、きざみねぎ、焼き味噌を加える。

⑬おそばはたっぷりのお湯で茹でる。打ちたて生そばはすぐ茹だる。40秒ほどでお湯が再沸騰して麺が浮き上がってくればよい。ざるですくい、冷水につけて冷やす。

⑭ぷりっとはりのあるおそばができる。大根は秋に採って畑に埋めておいたもの。雪の中に保存しておくと、大根の甘味が増す。辛つゆは甘しょっぱく、焼いた味噌の香ばしさがおいしい。

ところで、作ったひさこおばあちゃんはそばを食べない。「私はあんまり好きじゃないんよ。昔、そばは代用食だったからね」

【ひさこおばあちゃんのそば打ち】

そばの作り方は人によりさまざま。ひさこおばあちゃんは、小麦粉入りで熱湯で溶くのでグルテンが出やすく伸びがよく、家庭で打つのに向いている作り方を教えてくれました。

そば粉350ｇ、小麦粉150ｇ、熱湯220mℓ。

①小麦粉をふるい、そば粉を混ぜ（そば粉はさらさらしているので、ふるわなくてよい）、熱湯を少しずつ入れて全体を混ぜる。少しパラパラしすぎているかな、という程度でよい。

②全体をこねる。１年365と覚え、そのくらいの回数をこねる。少し硬いかなと思ったら、手を水でぬらす程度に水を加える。柔らかくなりすぎないように注意。「腕の太い人がいいんだって。私はむいてるわけ」

③なめらかにまとまった状態。柔らかさを覚えておく。こね鉢もきれいに。

④まず１ｃｍくらいの厚さに手で押して延ばし麺棒を転がして延ばしていく。

⑤厚さ６～７ミリまで延ばしたら、麺棒に巻きつけながら延ばしていく。

⑥巻きつけて転がしたら90度回転させて開き、別の場所からまた巻きつける。

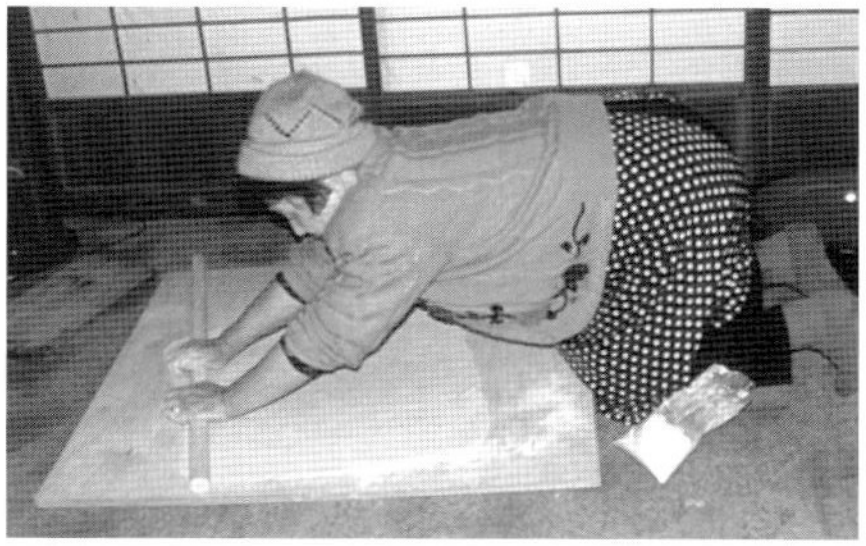

⑦ひさこおばあちゃんは上手に四角に延ばす。四角に延ばせると、切るために折るのも楽。

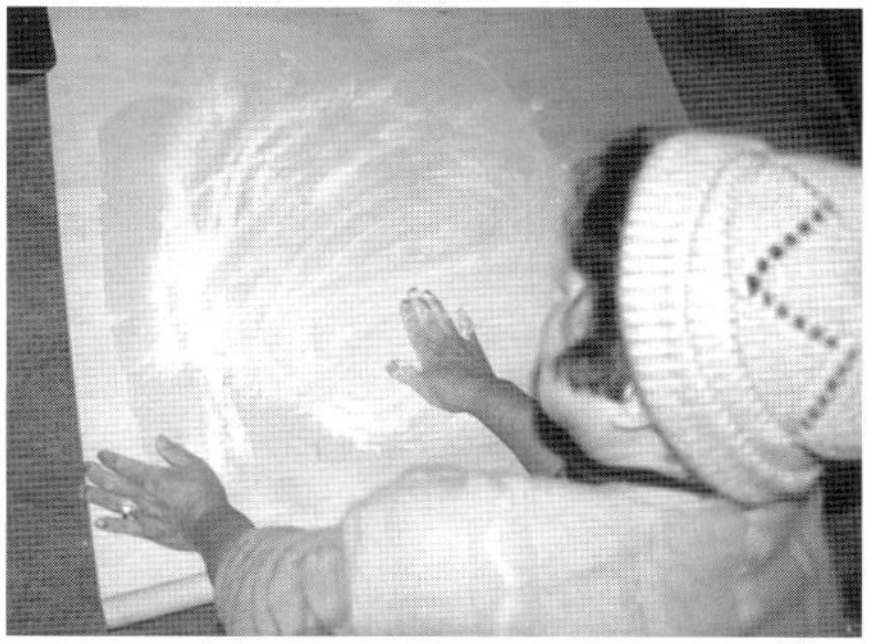

⑧切る前にはたっぷり打ち粉をして、くっつかないようにする。

⑨４つ折りにして、包丁で切れる長さにする。上にもたっぷり打ち粉をしてから切る。

野山の恵みを楽しみながら夫婦で料理を競作

駒ヶ根市　赤羽豊子さん（68歳）

左から佐保京子さん、赤羽豊子さん、むつみちゃん

Iターン夫婦の相談役

駒ヶ根市の赤羽豊子おばあちゃんは、Iターンで信州にやって来た若い夫婦と身内のような交流を続けています。

夫の彦次おじいちゃん（七四歳）が、森林組合の仕事で若夫婦の夫と知り合い、それ以来、お互いに家を「おかりする」（訪問する、おじゃまする、という意味）親しい間柄になりました。

信州に住みたくて、東京からIターンしてきた佐保京子さんと東尾さんの夫婦（夫婦別姓）にとっては、地域に親戚がいないので、いろいろ知恵を授かることができる交流です。

今日は、佐保京子さんが、娘のむつみちゃんを連れておばあちゃんの家に「おかりしに」行くので、

【赤羽豊子おばあちゃんのお茶うけ①】

●梅漬け

梅は最初フォークで傷つけておく。梅4キロに塩2.5合で2日くらい塩漬けにしておき、1回あげて酢4合と砂糖1キロで漬ける。食べてみてまた、ちそ（赤じそ）の塩もみを入れる頃に味をみて加減する。ちそは入梅あけと土用入りの間の午前中（10時頃まで）に採ったものが一番紅があがる。午後になると葉が緑色がかってくる。

●かりん酒

かりんは薄切りにして、氷砂糖と焼酎を入れる。風邪薬になる。かりんの砂糖漬けを作った時に出た、皮と種の部分だけで作ってもよい。

●かりんの砂糖漬け

かりんは皮と種の部分を取り、3分くらい蒸かして砂糖につける（よく似た果実で「マルメロ」があるが、本かりんの方がマルメロより実が固いので、少し長めに火を通す。蒸かしすぎるとくずれるので注意）。

●赤ガラ

「赤ガラ」という里芋の種類がある。普通の里芋の茎より黒みがかっておいしい。芋を掘る前に先に茎を切って使う。芋の味は赤がら芋も普通の里芋もどれも同じ。

ふきのように皮をむいて食べる大きさに切り、水につけてアク抜きして塩水でさっと茹でる。ザルにあげて水を切り、酢と砂糖を加えタッパーに入れておく。酢を入れると赤くなる。

●みょうがの酢漬け

みょうがを2～3分茹でて、温かいうちに砂糖と酢につける。塩は使わない。酢につけるとピンク色に変わる。「みょうがのつくだ煮」もおいしい。半割りにして、砂糖と醤油で煮る。

●大根・昆布・ホタテの煮物

ただ一緒に煮るだけ。酒とひたひたより少し多めに水を入れ、少し煮たら砂糖・みりん・醤油で味をつける。昆布とホタテからよい味が出る。

●しょうがの醤油漬け

しょうがを食べやすい大きさに切り、醤油と酢（分量は好みで）を煮立たせてかけ、ビンに入れておく。ご飯のおかず、おつまみ、お茶うけにと何にでも合う。

私も一緒におじゃましました。

　おばあちゃんが住んでいる駒ケ根市から飯田市までの間は、果物栽培が盛んな地域です。今日も梨、柿、かりんと、秋の実りがテーブルの上に並びました。かりんはそのままでは食べませんが、テーブルの上に置くだけで、よい香りが部屋中に広がり、楽しい食卓になります。

彦次おじいちゃん こだわりのすがれ煮

　彦次おじいちゃんは昔の優れた製材技術をもつ職人さんでした。「木挽《こびき》（伐採した木から大きな木材を切り出す技術）」や「そま」（「ちょうな」という道具で削り、丸い木材を角材にしていく技術）を若い人に伝えてきました。

　今日のお茶うけにも出されましたが、「すがれ煮」は彦次おじいちゃんの大好物。

豊子「すがれ煮とごぼうの天ぷらと長いもとろろは、じいさんの専門になっとるの。じいさんの方がうまいもんで」

彦次「すがれをうまく煮るのはむずかしいだよ。さらーっと煮つめないといけんのよ。ばあさんにはまかせられんわ」

　秋はすがれ追い（地蜂の一種、クロスズメバチのことを「すがれ」と呼びます。「巣狩り」をするところから訛って「すがれ」と呼ばれるようになったと言われています）の季節。おじいちゃん自身は、今はすがれ追いはしませんが、友達からたまにもらいます。

　今日はたまたま、大きな巣を三段もらいました。年に一、二回のことなので、その日に居合わせた私は、たいへんラッキーでした。さっそくお手伝いです。

　すがれの巣を見ると、三日月型に蜂の子が入っています。不思議なことに、闇夜は満タンに入っていて、順に蜂に成長して出ていき、月が満ちると（満月の夜）は、巣に蜂の子が少ないのだそうです。

巣を見つけたら捕りに行く日をみはからい、待つわけですが、あまり待っていては誰かに先を越されてしまいます。

　トノサマガエルの皮をむいたものやアカウオ（ウグイ）の皮をむいた身を木の枝につけ、それを取りに来るすがれをじっと待ち、来たらつかまえて、真綿やビニールひもの目印をつけて逃がします。そのすがれを野山を走って追いかけて行くのです。巣に戻る所を見届けて、いったん戻ります。

「ハチが巣へ戻った夕方遅く七時～八時頃、捕りに行くだよ。夜は蜂がおとなしいで。今まで捕った中で一番大きいのは一二段あったに」

　すがれ追いの上手な人は、羽ばたきの音ですがれがわかるのだそ

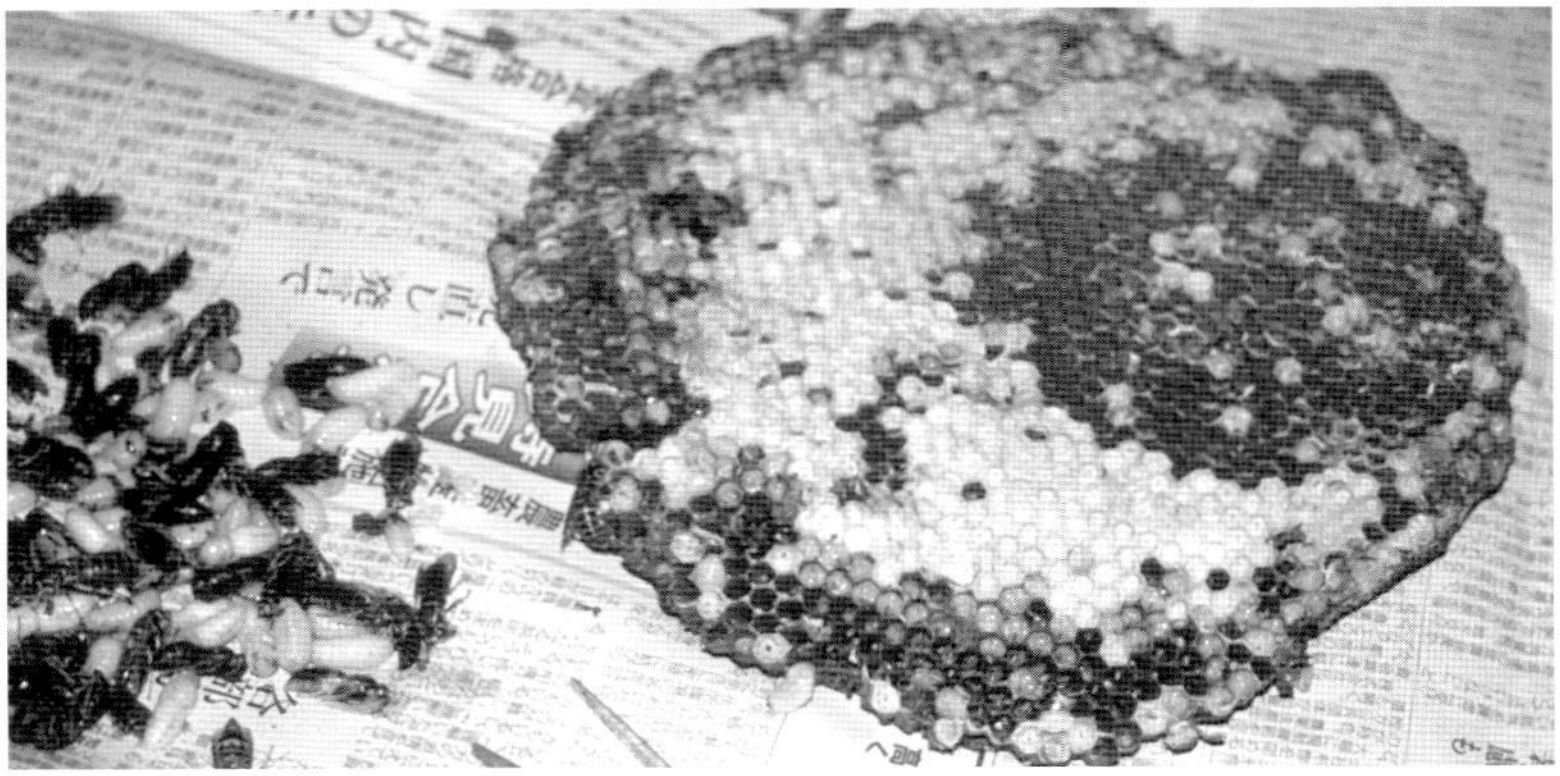

うです。

　彦次おじいちゃんはピンセットで一つ一つ、巣から蜂の子を抜いていきます。薄黄色の柔らかいものから、もうほとんど蜂になったものまで、いろいろ混じっています。おじいちゃんは時々、口に運びながら抜いていています。

「生がうまいんな。ひとつ食ってみぃ」と私に促します。しかし、生きて動いている生のものを口に入れるのは、やはり抵抗があります。お手伝いをして抜きながらも、どうしても口に持って行くことができません。

　私は「次こそ、次こそ……」と抜いていくうちに終わりが近づいてきました。今を逃したらもうチャンスはないと思い、えいい、と口

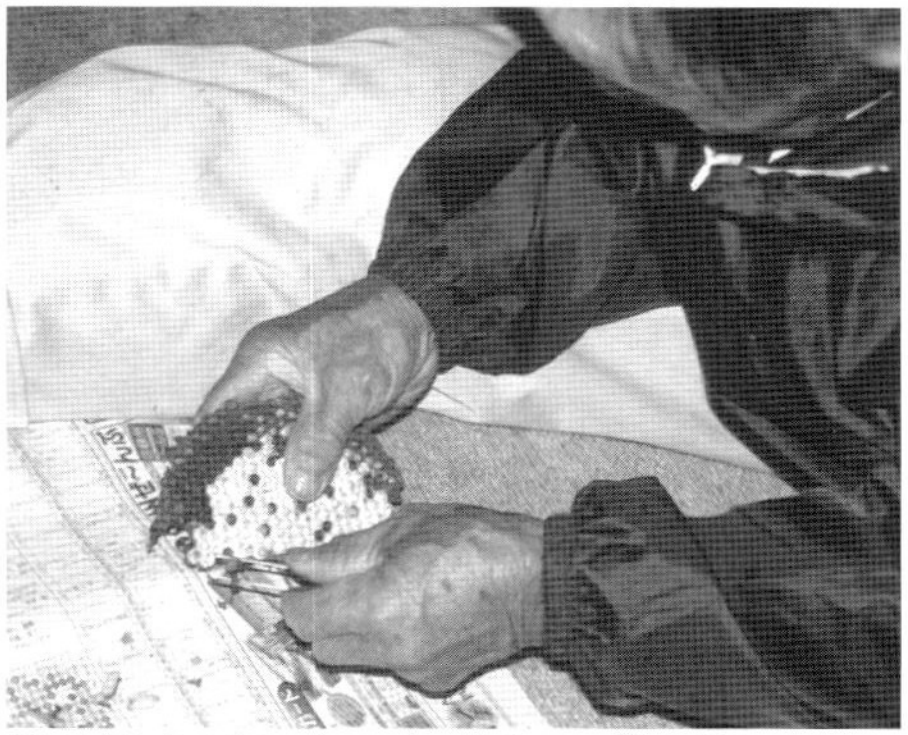
蜂の子をピンセットで１つずつ抜いていく

に入れました。

　プチッと口の中でつぶすと、くるみをよくすりつぶして、少し牛乳で延ばし、蜂蜜を入れてほんのり甘くしたような味の液体がとろりと出て、口に広がりました。

「そういう小さいやつよか、こんくらい蜂になったところの方がうまいに」

　蜂になりかけたものは、先ほどの味にカリッとした歯ごたえと香ばしさが加わり、確かに美味です。

　そしていよいよ「すがれ煮」の調理です。鍋にすがれを入れ、日本酒をひたひたに注ぎます。しばらく煮たら砂糖と醤油を入れ、三〇分くらい煮ます。

「汁気がなくなっても、よく煮つめないといかんに」

幼虫からほとんど蜂に成長したものまでさまざま

　おじいちゃんは、何度も何度も味をみながら、慎重に味加減を決めていきます。このおいしい珍味を見ていて、日本酒がすごく飲みたくなってきました。
　すがれを抜いた後の巣は、咳の薬・利尿剤として薬効があるのだそうです。梨の実と一緒に煎じて飲むのですが、すごく渋いのだそうです。

豊子おばあちゃんの子供の頃の遊び

「私の小さい時はね、おもちゃなんてものはないから、いろいろなものを自分たちで作ってよく遊んだねえー。その頃はおやつなんないら。いろいろな所でおやつを手に入れたねー。そういうのが、

慎重に味付けする

また遊びだったんだに」

昔、この近くには松林があったので、わらのひごを松のこぶにストローのように刺して、ちゅうちゅう吸うと、とても甘い蜜が吸えたそうです。また、松の木の根っこには「ぶくりょう」という漢方薬の玉があって、切るとでんぷんがとれたそうです。

春のおやつは「かやのくろんぼう（すすきの穂ができる前に出てくる黒い糸のようなもの）」「すいこんぼう」という植物、「すっ葉」という木の葉。その後は「桑ずみ（桑の実）」「なわしろぐみ」。

夏は「すぐりの実」「こまっぱじき（ブルーベリーのような実）」「山つつじの花」……。

秋になれば、柿、いちじく……。

「昔はどこの家になっているもんでも、食べてよかったんさね。今はそんななわけにいかんけど、昔は別に怒られなかったなあ」

冬は野山は雪に覆われるので、芋干しや干し柿を家でおやつに食べました。芋干しの芋を蒸かした時の汁を煮つめると、飴ができた

【赤羽豊子おばあちゃんのお茶うけ②】

●しま瓜の粕漬け

しまうりがなった時、塩をかけて1～2日押しして漬けておく。塩で漬かったら1回出てきた塩水を全部あけて空押ししておく。水気が出るので沸騰したお湯にさっと通して粕に漬ける。粕は「夏粕（水分が入って練ってあり、漬物用として売っている）」4キロに1キロの砂糖を入れて混ぜる。砂糖は好みで。

●なすの辛子漬け

塩で一度漬け、砂糖（まわりにまぶさるくらい）と辛子（粉辛子はお茶で溶くと辛さがよく出ていい）をまぶす。ここでは4斗樽くらいで漬けている。即席なら、なすを少量切って塩をかけて絞って、辛子と砂糖を入れて混ぜるだけでできる。

●白菜漬け

浅漬けの素で漬ける。諏訪農工連の「浅漬け一番」が豊子さんのお気に入り。

●松茸ご飯

松茸を薄切りにして、醤油少々とみりん少々を入れておき、ご飯が炊き上がってすぐ松茸をご飯の上に乗せて、蓋をして蒸らす。この日は冷凍しておいた松茸を使ったので、全部一緒に入れて炊いた。

●しその実煮

しその実を一度茹でこぼし、水気を切って油で炒め、みりん、醤油、砂糖で煮る。

そうです。

「ままごともよくしたなあ。山の中で木で家の形に囲って、山のいろんなものを使ったもんだよ。葉っぱでお皿、木の枝ではしとかね。昔は山の手入れがよくて、ちゃんと間伐してたから、山の中もきれいで、遊んでも危なくなかったねー」

冬は自分で竹やぶから竹を切ってきて、曲げてから板に打ちつけて「そりすべり」をよくやったそうです。どこの家でも、子供が縁側を間違って切った跡があったし、そりすべりで転んで骨を折っても、親に何にも言われなかったということです。

「男女区別なく、五、六人はザラ、多ければ一〇人、一五人で遊んでいたんね。あの頃の方が豊かだったような気がするよ。山の中で遊ぶにも、これは食べられる、これは食べられないとか、ひとつひとつ自分で考えていたからねー。今の子は考えるってことが少ないね」

楽しいお茶飲みの時間があっという間にすぎ、帰宅しようと外へ出たら、おじいちゃんが柿むきをしていました。

伊那谷のこのあたりから飯田市までは有名な干し柿の産地です。伊那谷に冷たい風が吹き始める頃、燃えるように鮮やかな柿色が家々を彩ります。

柿の皮も捨てずに干してとっておく。11月になったら大根漬けに入れると甘味が出ておいしい。なすの葉をカリカリに干したものも入れる。

農家・農村に夢の種をまき続けて四〇年

松川町　米山由子さん（62歳）
佐々木康子さん（56歳）
大澤美杉さん（70歳）

左から大澤美杉さん、米山由子さん、佐々木康子さん。３人とも創作料理が得意の仲良し。

いたずらしてみとるの

下伊那郡松川町増野は、昭和二一年に開墾された土地で、主にりんごやなしなどの果物を栽培している農家が集まっています。そこに、とても料理上手な方がいると紹介していただきました。佐々木康子さん五六歳。三人の孫を持つ、若いおばあちゃんです。

「果物は規格に合わなくて捨てる量も多いら。もったいないから、加工して食べられんかなあと思って、いろいろいたずらしてみとるの。煮たり干したりまでは、ここらの人は皆するんな。でも、もっと何かできんかなあと思って」

創作料理が好きな友人二人と持ち寄ったお茶うけでのお茶飲みでは、さまざまな話題で話がつきません。

第二の結婚式

二年前、佐々木さん夫婦は「家族経営協定締結調印式」に出席し、夫婦で家族経営協定を結びました。親子、夫婦間で休日や就業時間、報酬、経営参画などの取り決めを文書で交わすのです。協定締結が女性の農業者年金加入の条件になったこともあり、まだ実際に行なっている農家は少数ですが、農家の女性の地位向上の手段として、普及が期待されています。

松川町でも「民主的で楽しい農業をしよう」という会を作り勉強会をしましたが、参加するのは奥さんだけ。でも、そのうちみんな夫を連れて来るようになりました。

「そういう会におとうさんが来てくれるってことは、お母さんを尊敬してる証拠。うらやましかったよぉ」

初めは、協定なんてものを結ぶ気になれなかった康子さんも、何回か勉強会に参加しているうちに仲間もでき、自分も協定締結調印式に参加することにしました。

「おとうさんも行かまい（行こ

我が家の農業方針と私達夫婦の約束ごと

〈目的〉

1　この約束事は夫（顕）と妻（康子）が、相互に責任ある経営の参画を通じて、健康で明るい家庭であることを目的とする。

〈役割分担〉

2　果樹園の防除作業は主に夫が防除組合の方針に従いながら行う。

3　妻は家庭内の家事をきちんと遂行し、気持ちよく生活できるように気を使うこと。

4　夫と妻は出来るだけ、一緒に作業をする様にする。が、作業の進行により、その限りではない。

〈生活・休養日〉

5　家族の誕生日、行事、記念日を大切にする。地域内の行事、事業にも積極的に参加する。

6　作業の節目、又、各地の四季を楽しむために休みをとり出かける。

7　あいさつ、特に朝のあいさつは、お互い声を出して行う。

〈健康〉

8　お互いに自己の健康管理には充分気をつける。夫は妻を、妻は夫をいたわり、思いやりの気持ちを忘れないようにする。

〈趣味・旅行〉

9　お互いの趣味は認め合い楽しむ。各々のお友達とのおつきあいを大事に考える。同伴での旅行、グループでの旅行も大切にする。時には、家族での旅行も楽しみたい。

10　農業生産意欲の向上のために講座、講演会には積極的に参加するようにする。

〈介護〉

11　愛情を持って介護する。

12　お互いに介護が必要になった時は、公共の力や施設を借りる事とする。

平成11年３月15日
長野県下伊那郡松川町・・・・
夫　佐々木顕
妻　佐々木康子
立会い人　農業改良普及センター所長　米山由子
松川町長　・・・・・

【仲良し３人のお茶うけ】

●手作り豆腐

ねぎをきざんで、砂糖少々、醤油、かつお節を入れたものを作りおきしておいて乗せて食べる。

大豆２合を３倍の水でふやかし（冬なら20時間くらい）３回に分けてミキサーにかけると呉汁ができる。熱いお湯７合を鍋にわかし、そこに呉汁を入れ弱火で８分加熱する。布袋に入れて絞ると豆乳ができる。豆乳を70度にして、大さじ１杯のにがりを100ｃｃのぬるま湯で溶き（ニガリの製品により差がある）、２回に分けて豆乳に加え、十文字をゆっくり書くように混ぜ（たくさん混ぜると固くなる）蓋をして15分置く。豆腐用の型に入れ（ザルにガーゼを敷いたものなどでもよい）、軽い重石（800ｇ程度）をして40分くらい置いておく。水につけてニガリを流す。

●かりんの砂糖煮干し

砂糖多めにして煮てから干したもの（砂糖が少ないとぼそぼそする）。

●そばクレープ

そば粉２カップ弱、小麦粉大さじ山盛り１、卵１個、牛乳３カップ、塩少々を混ぜ、一晩寝かす。フライパンに油少々をしいて薄く焼く。

中身はひじきの煮物・りんご・にんじん。

にんじんはピーラー（皮ひき）でひき、キンピラのように油で炒め、みりんと醤油で味つけする。りんごは甘く煮て干したもの。

●できたておからのサラダ

おからに牛乳・砂糖・酢・マヨネーズを入れて味つけする。きゅうりの塩もみ、茹でにんじん、ハム、チーズなど好みのものを混ぜる。ほうれん草を茹でて絞ったものを混ぜてもおいしい。（以上、佐々木康子さん作）

●野沢菜とにんにくの茎煮

野沢菜は酢・砂糖・醤油で漬けたもの。それとにんにくの茎の茹でたものを一緒に煮る。味をみて醤油を少し足しただけ。

●醤油の実

「豆こうじ」（麦こうじに黒豆が入ったもの。市販されている）に醤油、みりん、酒、砂糖、野菜（大根・にんじん・きゅうり・なす・きのこ・しょうが）、かつお節などを好みで入れる。甘しょっぱい味の風味よい豆と野菜の漬物という感じ。

お茶うけに少量食べる他、ご飯の上に乗せて食べたり、お茶漬けのようにお湯をかけて食べたりするとおいしい。（以上、大澤美杉さん作）

【りんごのお茶うけ】

●りんごの砂糖煮

りんごは4～6等分に切り、1キロに対して300ｇくらいの砂糖を入れて煮る。12月頃の寒い日に1週間くらい寒干しにして、冷凍庫に入れて保存しておく。下はコーヒーで煮て、きな粉をまぶしたもの。左上はココアパウダーをまぶしたもの。右上はかりんを同様に作ったもの。

●アップルかのこ

さつま芋の皮を厚めにむいて茹でてつぶし、生クリームと砂糖少々を入れて丸めたものの上にりんごジャムを乗せる。りんごジャムは青い摘果りんごを使って作ると、熟れたりんごとまた違っておいしい。

●芋かりんとう

上記の残りのさつま芋の皮も油で揚げて、砂糖をまぶし、芋かりんとうに。

●りんごのコーヒー煮

りんごを一口大に切って、砂糖とコーヒーで煮る。見た目は黒くてしいたけの煮物のようだが、食べるとおつな味のりんご。あっと人が驚くのがおもしろい。

●りんご飴

りんごを砂糖で煮るとたくさん水分が出る。その汁を煮詰めると、最後に飴になる。適当な大きさに切り、きな粉をまぶしておく。舐めるとトローンとなめらかに溶け、りんごの風味が強くとても美味。

●りんごチップス

小さいりんごを丸ごと横に3ミリの厚さに切り、クエン酸溶液にさっとつけ、冬の凍みのあるときに1～2日広げて干す。しなっとしたら裏返しさらに干す。だいたい乾燥できたら、ストーブの上に乗せておいて1晩くらいおき、余熱でさらに乾燥させる。カリカリに乾いたら、缶に乾燥剤と共に入れて保存しておく。りんごにより風味の違ったものができる。王林で作るととてもおいしい。

●りんご寿司

5合の米を寿司めしにして、牛肉煮（砂糖・醤油を鍋に入れてぐわんぐわんと沸いたら牛肉380ｇを入れ、火が通ったら肉だけ引き上げて巻きやすいように3等分くらいに切る）、りんご千切り1個分を一緒に巻く。

「ちょっとミステリアスでしょう。でも、食べてみるといけるんだに」

（以上、米山由子さん作）

う）って、何回も頼んでね。行ってくれるとは言うけど、本当に行ってくれるかしらん、と毎日どきどきしとったよ。当日までは、えらい怒らせんように気使ってねー。

そして、みんなの見ている前で、いい服着て約束ごとを読んではんこを押して握手するんな。本当にうれしくてねえ。まるで結婚式みたい、夫婦の第二のスタートの日、二回目の結婚式なんよ。

そこに行きつくまでの過程がすばらしいの。ふたりで条文を作って、夫婦の意識改革なんだに。結婚する時にゃ、えらい決め事なんてせなんだけど、この年になっていろいろ話し合うんな。子供からも、そのことひとつ条文に入れといたら、なんて言われて。いろいろ考えたの」

お話を聞いた二〇〇一年春の時点で、長野県で八九四組、飯田伊那地方で八八組の新しいカップルが生まれているそうです。

二〇年ぶりの女性議員 米山由子

康子さんのお茶飲み友達である米山由子さんは、下伊那郡豊丘村に生まれました。父が「これからの女性は職業を持たなくてはいけない」と勧め、卒業後に職業と結びつきやすい「県立農業講習所生活課」（当時、授業料が無料）に行きました。卒業後、しばらく家にいましたが、二〇歳の年に辞令が来て、県職員の農政部改良普及員の仕事につきました。以来、約四〇年、農家の生活指導の仕事をしてきました。

その頃（昭和三四年）、「農業基本法」ができ、「農作物の選択的拡大」が推進され、松川村でも果樹・酪農・米とそれぞれ重点地域を分け、桑園を果樹園などに変えました。高度経済成長の世の中で、農家は自給自足の生活から、とにかく朝から晩まで働いて現金収入を得る生活が重要視されるようになりました。

女性も忙しく農作業をするので、朝起きて寝るまで地下タビを脱いだことがない、というほどだったといいます。どうしても、家族の食事がおろそかになります。そんな農村の現状を見て、由子さんはまず初任地・富士見町の「南諏訪農業改良普及所」で食生活改善を考えました。

三〇戸ほどの集落ごとに共同炊事場を作り、炊事のおばさんを頼んで、農繁期だけ昼・夕食を作ることにしました。春と秋、それぞれ四五日くらいです。材料の野菜などを農家から提供してもらい、「鶏のたつた揚げと野菜の煮物」「ちくわの青海苔揚げとなすの油味噌」「サバの味噌煮とサラダ」などという献立を由子さんが作りました。シチューや酢豚などのハイカラなものも作り、たいへん喜ばれたそうです。

一番初めにそのような炊事場ができたのが飯田市三日市場で、飯

選挙の時に使っていた事務所は今でもそのままにして、みんなが気軽に集まれる場にしている。

田地区だけでそのような炊事場が三〇カ所もあり、共同炊事がさかんに行なわれました。共同炊事はその後、プロパンガスの普及により自然になくなっていき、食材共同購入システムへと変わり、現在まで続いています。

富士見町で仕事を始めて半年した時、「ここの味噌はへぼい」ということに気がつきました。標高が高く気温が低いので、味噌を作っても十分に発酵しないからです。そこで、その頃の味噌の製法である、味噌玉をカチカチにして仕込むやり方を改良し、「直接仕込みの味噌」の作り方を講習したら、あちこちでひっぱりだこ。朝早くバスで出かけ、最終バスで帰宅するような生活が続きました。

また、その頃の農家は忙しく、布団はそのまま敷きっぱなしの万年床状態が多かったのです。寒さが厳しい土地なので、寝具改善をしたいということになり、みんなで考えてわらを直径五センチくらいに束ね、今のウレタンマットのような「わらマット」を手作りしました。これが温かくて大流行しました。

富士見町には果物が少ないので、塩尻から軽トラックで黄桃を取り寄せ、東京から保存瓶を買い、四〇～五〇人で瓶詰をして、一人一〇〇～二〇〇本ずつ分けることもしました。

「若さと意欲だけで、怖いもの知らずだったからねー。転勤がある仕事だったから、私はここで〇〇をした、と言えるような仕事をしなければいけない、とどこの任地でも思って頑張ってきたの」

その後、南諏訪から上伊那、下伊那と転勤しました。

昭和四三年頃、飯田市上郷町でのことです。そこは、野菜のハウス団地があり、長野県で一番、単位面積あたりの収入がある所でした。しかし、病気になってパタッと倒れる、ということをいくつか耳にしました。

当時、農家一軒で一日八～一〇万円の売上があったと言います。しかし、仕事づけの毎日で、店屋物を取ってハウスの中で子供と夕飯を食べ、朝、選果場へ出してから寝ようとしても明るくて寝られず、土蔵で睡眠をとるような状況でした。バナナとドリンク剤で働いている人もいたのです。

その頃、国で「農家労働適正化推進事業」が採択されました。由子さんは、ここでこそその事業が必要だと考えましたが、地区の保健婦さんからも「あんな忙しい地区にそんな事業を入れても、絶対だめだ、できないよ」と言われました。その地区は公民館活動も最低でした。現場では「この忙しいに何の書類だ。よしてくれ」と地区のリーダーに言われました。

とにかく、みんなに言って理解してもらおうとお願いして歩きました。食生活・体力・健康診断・労働時間の四つの面から現状を探るのです。ある時期の九月は、由子さんの超過勤務時間が一カ月でなんと一三〇時間もありました。

「自分は全然、適正労働じゃないね」と笑います。

健康診断は夜行われましたが、由子さんの情熱が実り、なんと八五％もの人が出てきてくれたのです。体力測定にも協力してもらえました。しかし、結果は惨憺たるもの。女性の八割は貧血。労働時間は実労一三時間くらいでした。

そこで四つの対策を作りました。

①五年後には一〇～一一時間になるように労働時間の短縮をはかりましょう。（対策として、トマト・きゅうりの共同選果場を作り、選果時間を短くしました）

②毎日、家庭の時間を一時間もちましょう。（たった一時間でも家庭の時間がとれない状態でした）

③労働環境をよくしましょう。（当時、ハウスの中は高温になりやすかったので、扇風機を必ず入れ換気ができるように指導しました）

④食生活を改善しましょう。

・牛乳を飲み、タンパク質をとりましょう。

・有色野菜を食べましょう（当時、野菜の栽培農家でも、自分では野菜のおかずを作って食べる習慣があまりなかったのです）。

その頃、由子さんは結婚して子供が四歳でした。子供はおじいちゃんとおばあちゃんに協力してもらって育てました。

それまでは女は結婚すれば仕事を辞めるのが普通でしたが、ちょうど共働きが増え始めた頃でした。夫が職業安定所で働いており、女性が仕事をするのを推奨する立場にあったので、理解もありました。

四七歳の時、県庁へ係長として来いという話があった時も、「自分も単身赴任したんだから、君も行ってこい」と言ってもらい、二年間行ってきました。

五四歳の時、夫が病気になり亡くなった時が一番せつなかったそうです。同僚や部下が気を使って早く自分を家に帰してくれましたが、人の上に立つ立場だと、本当のことや「助けて」と言うことがなかなかできません。自分が働いていたから、夫を十分に見てやれなかったことがつらかったそうです。

「夢の種をまき続けた四〇年だったね」と振り返ります。

そんな行動力のある由子さんですから、みんなは由子さんの定年退職を待っていて、すぐさま町議会議員に推薦しました。大澤美杉さん、佐々木康子さんらの女性が集まり、「二一希望の会」という後援会を作り、女性ばかりの選挙活動をしました。

美杉「組織票のまったくない無所属。選挙のシロウト集団だったから、いろいろ苦労したけど、やっぱしずくよく歩かにゃ、だめだなぁ。どんな小さい会合でも呼んでもらって、二、三分でも米山さんのことを言わせてもらったの」

みんなの努力のかいがあって、トップと八票差（五八八票）で二位当選。議員になってみると、さまざまな委員会や協議会に女性がすごく少なく、なぜこんなに女性が意見を出す機会がないのか、驚いたそうです。

康子「今まで、いろいろな所へは出ていかず、決まったことを受けてやるのが女だったが、そうじゃなくて、自分たちで考えて決めていかなければならないと思うよ」

「男女共同参画推進基本計画」という、女性も男性も社会に参画して活力のある社会にしようという国や県の活動計画がありますが、松川町でもそのプランを作る責任者に米山議員がなりました。

女性ならではの、さまざまな相談事に訪れる人も多いそうです。

由子「定年退職したっていうのに、勤めの時より忙しいいんな」

四年間の任期はまだ始まったばかりです。

康子・美杉「よっちゃは私たちの希望の星なんだに」

【今日のお茶受け】

●そばいなり

いなり寿司用に醤油と砂糖で煮た油あげの中に茹でたそばを詰める。残り物のそばで作るとよい。

●みょうがときゅうりの酢の物

みょうがときゅうりを薄切りにして、三杯酢（塩、砂糖、酢）であえる。

●マグロさしみ入りちらし寿司

マグロさしみを醤油、しょうが汁、酢を混ぜた中に漬けておき、寿司飯に混ぜるとおいしい。

●しま瓜の粕漬け

瓜は縦に２つに割って、種をスプーンなどでとった後の窪みいっぱいに塩を入れて漬ける。３日たったらあげて（１週間漬けるとしょっぱくなりすぎる）出た塩水は捨て、４キロの練り粕に４キロの砂糖、35度の焼酎を１升の割合で混ぜておいた中に漬ける。（以上、大澤美杉さん作）

●新しょうがの醤油煮

新しょうがを皮ごと薄切りにして、よく茹でる。いったんザルにあけて水をきり、鍋に戻し、ひたひたの水と醤油、砂糖を入れて30～40分煮つめる。仕上げにフライパンで炒ったかつお節をさっと混ぜる。（米山由子さん作）

●かぼちゃサラダ

かぼちゃを切って、電子レンジ強に５分かけて柔らかくする。干しぶどうとマヨネーズを上にかける。（大澤美杉さん作）

●フナの甘露煮

鍋の中に醤油、砂糖、酒を入れてぐらぐらしているところに、何回かに分けてフナを入れ煮る。（米山由子さん作）

●当才

長野県では、佐久鯉が有名だが、松川から飯田市座光寺、松尾にかけての地域は清水がわいて水の豊かな土地だったので、昔は佐久鯉の子の産地だった。小さい頃、よくバケツを持たされて１キロほど歩いてお使いに行った。鯉屋さんが数を数えながら200～300ほどバケツに入れてくれるので、それを田んぼに放した。１年ほど飼うと15ｃｍくらいに育った。その鯉のことを「当才《とうざい》」と呼ぶ。これを池で１年飼うと30～35ｃｍに育つ。煮て食べた。

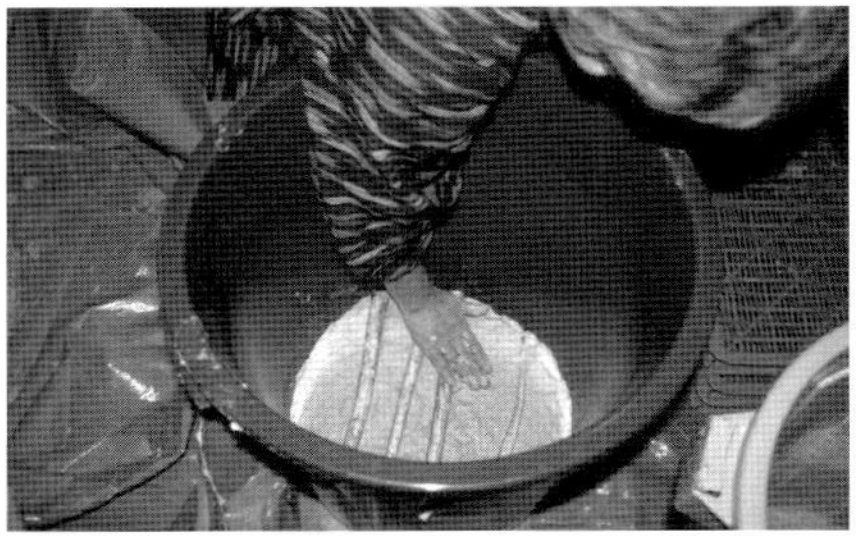

⑧味噌をひとかたまりずつ入れ、空気が入らないように、手でよくなでるように抑えて入れる。

１段入れたら洗いごぼうを入れる。魔よけのお守りといわれている。味噌ができあがったら、「ごぼうの味噌漬け」となり、おいしく食べられる。

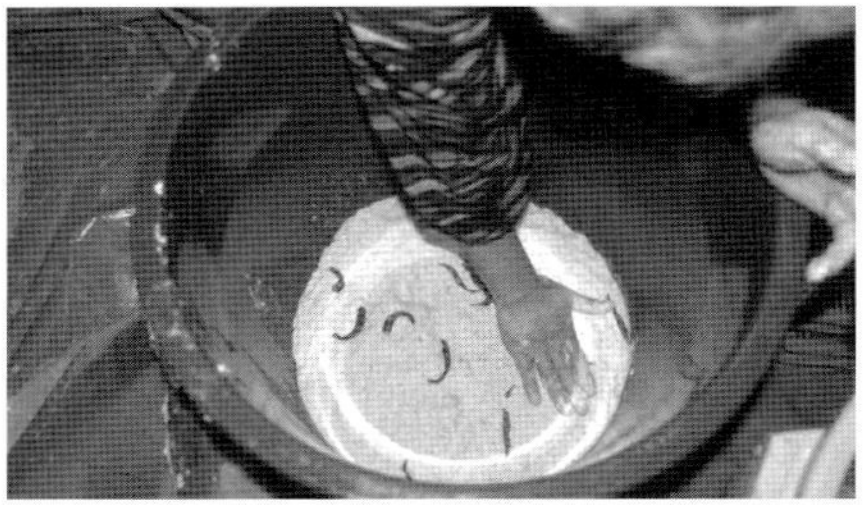

⑨もう１段入れたら、赤唐辛子を10本くらい入れる。これをもう１段繰り返す。

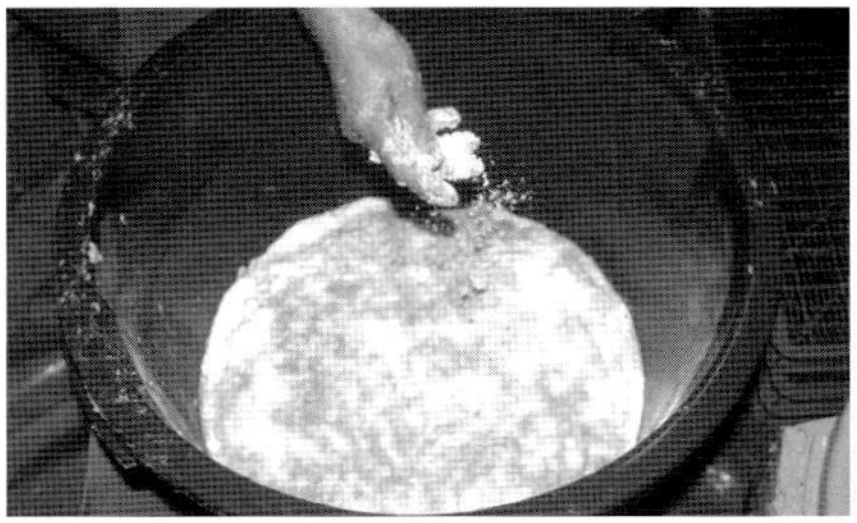

⑩全部入れたら、最後に振り塩をする。上が真っ白になるくらい。

押し蓋（なべの落とし蓋のような感じに）をして重石を乗せ、さらに紙で上の部分を覆って６～10カ月でおいしい味噌になる。

【本日の配合】

豆10キロ、こうじ10キロ、こうじに混ぜる塩4.3キロ、振り塩500ｇ。

【お茶の時間】　このグループで20アールほど畑を借りて、そばや大豆を作る計画について話が盛りあがります。

「来年は自分で作った大豆で味噌を仕込めたらいいと思うに」

●文旦（ぶんたん）の皮煮　１～２回茹でこぼし砂糖で煮る。

●菜花のおひたし

●きゅり漬け

●味噌煮の日の大豆煮

お昼ご飯に味噌作りのために煮た大豆を少しとっておいて食べる。たくさん豆を煮るとおいしい。味つけは何もしてないけれど甘い。味噌煮の日のお楽しみ。

●納豆　茹でた豆が温かいうちに市販の納豆を入れて、こたつやお風呂の上に一晩くらい入れておく。

●寒天ゼリー　「これ、僕が作ったの」お湯をわかし寒天ゼリーの素を入れて溶かし型に入れてフルーツをちらす。

●ポップコーン　ポップコーン用とうもろこしを畑で作り、乾燥させ保存しておく。

鍋の中にサラダ油少々とポップコーンをひとつかみくらい入れ、蓋をして火にかけるとポンポンとはぜる音がする。音がしなくなるまで加熱してできあがり。

●おからコロッケ　じゃが芋を茹でてつぶし、おからをたっぷり加え、バターで炒めたたまねぎ、ひき肉、マヨネーズを入れる。俵型に丸め、小麦粉、卵、パン粉の順につけて油で揚げる。

【康子おばあちゃんの味噌作り】

康子さんは毎年、近所の５家族で集まって「味噌作り」をしているというので、おじゃましました。

「昔はどこの家でもこうして何軒かで味噌作りをしていて、私の小さい頃は桜の花の時期にお花見を兼ねてやったんな。それが楽しくて忘れられんの。一時すたれていたけど、ここ何年かで作るグループがまた増えてきたに」

朝から、それぞれの家ごとに５回に分けて味噌作りをしますので、一日がかりです。午後からは学校から帰ってきた子供たちも加わって、さらに賑やかになりました。

①１回目は前日午後、水でふやかさない大豆を３時間半かけて煮て、一晩放置しておく。２回目からは一晩水につけておいた大豆を煮て、煮上がったらすぐに使う。

②機械にかけてつぶし、いくつかの塊にしておく（人肌くらいまで冷ますため）。10キロの豆が22.2キロになる。

③豆（乾燥した状態）と同じ重さのこうじを使う。３キロに対して1.3キロの塩を混ぜて「塩切こうじ」を作っておく。新しいシートの上に塊にしておいた味噌玉を入れ、中央をつぶし、塩切こうじをかける。真中に穴を作り、豆のゆで汁を薄めたものをひしゃくで入れて、外から中へと水分を混ぜこむ。数人でまわりを取り囲み、みんなで混ぜる。

④まわりから、それぞれの手前へよせてきて、ひとかたまりずつとって、中央に積んでいく。この時、「エイヤッ！」と投げるようにぶつけて積んでいく。「アッタマに来る～」「とうちゃん、いいかげんにしろ～」など口々に叫んでストレス解消。皆げらげら笑う。

康子「最後のひとつは、やさしくね。おいしくなりますように……ってな」

⑤親子で仲良く。これがまた味噌作りの楽しいところ。

⑥最後にもう一度、よく水加減をしてちょうどよい柔らかさにする。康子さんの夫が「水加減奉行」。

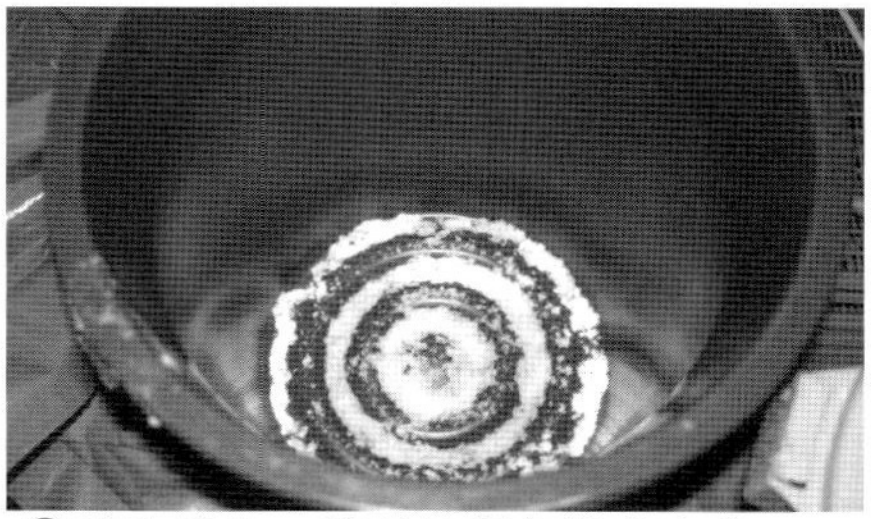

⑦ポリ桶の一番下に振り塩をする。

おわりに

「ここから定年」という区切りがあまりなく、何歳になっても畑仕事などに体を動かし、自家製の野菜や豆を食べる。若い頃苦労しているから、少々のことではビクともしない強い精神力と包容力をもち、いつも周りの人を思いやる。打ち込める趣味をもち、その場その場で人生を楽しむことがすごく上手。親しく行き来できる友達がいて、お茶飲みして言いたいことを言って、ストレス解消。いざという時には相談相手にもなる。地域の知恵者として、さまざまなことを若い世代に伝えていく——。

信州のおばあちゃんが生き生きと美しいのは、こんな素敵な生き方をしているからだと思います。素敵なおばあちゃんたちと、おいしいものを食べながら、大口あけて笑ったり、時には涙したり。優しさに打たれ、力強さに感動し、私にとって、素晴らしく充実した１年３カ月でした。

ひとつひとつのお茶うけの作り方をしつこく尋ねるのに辛抱強くつきあっていただき、また、「茶飲み話」を越えた人生のさまざまな話をしてくださって、ありがとうございました。家に帰ってきて、机に向かっておばあちゃんにいただいたおいしいお茶うけの数々を思い出し、口の中にジュワーと唾をためながら、取材活動のまとめをしてきました。気持ちばかり先走り、文章を綴る力がなく、せっかくのお話をあまりうまく紹介できなくて申し訳ありません。それでも、出版社の川辺書林の久保田さんの御指導のおかげで、どうにか拙い作文をしてくることができました。

この本はたくさんの方々の親切でできています。素敵なおばあちゃんを探し、紹介してくださったたくさんの方々、私を応援してくれた友人や家族に深くお礼申し上げます。

私事ですが、今年５月、我が家の２人の息子が相次いで結婚し、私は「姑」になりました。「おばあちゃん」と呼ばれる日も近いかもしれません。今はまだ、おばあちゃんと呼ばれるには、自分があまりに幼く、自信がありません。「おばあちゃん」と呼ばれても、自分が恥ずかしくないように、信州のおばあちゃんに学び、人生をたくましく生きる知恵をつけ、包容力のある人間になっていかねば、と思っています。

皆さんの周りにいらっしゃる「おばあちゃん」はどんな人ですか？　もっともっと、おばあちゃんと「お茶飲み」してみてください。きっと、皆さんの暮らしがもっと楽しくなりますよ。

2001年11月26日

吉田文子

●よしだ・ふみこ●1960年新潟県上越市生まれ。信州大学教育学部卒。長野県の中学校家庭科教員を経て東京の香川栄養専門学校調理師科で和洋中のプロの調理を学び家庭料理の大切さを再認識する。
1991年家庭料理技能検定１級合格・文部大臣奨励賞を機に松本南部公民館ほか各地で料理教室講師に。1997年東京に転居。横浜で家庭料理と簡単お菓子の小さな料理教室「クッキングスペース・イオ横浜」を主宰。新聞等へのレシピ連載など活動中。著書『おばあちゃんのお茶うけ Part２』『ずくなしレシピ帳』（川辺書林）ほか。
ホームページ　http://www.geocities.jp/iocooking/

おばあちゃんのお茶うけ
信州の漬物・おやつ・郷土料理240品

2002年１月８日　初版
2010年６月18日　９刷

著　者　吉田文子
発行者　久保田稔
発行所　川辺書林
長野市中御所5-1-14
電話 026-225-1561
FAX 026-225-1562
印　刷　フォトオフセット協同印刷
製　本　渋谷文泉閣

ISBN978-4-906529-28-5